国际能源网络研究
INTERNATIONAL ENERGY NETWORKS

权力、结构与演化
Power, Structure and Evolution

杨宇 何则 著

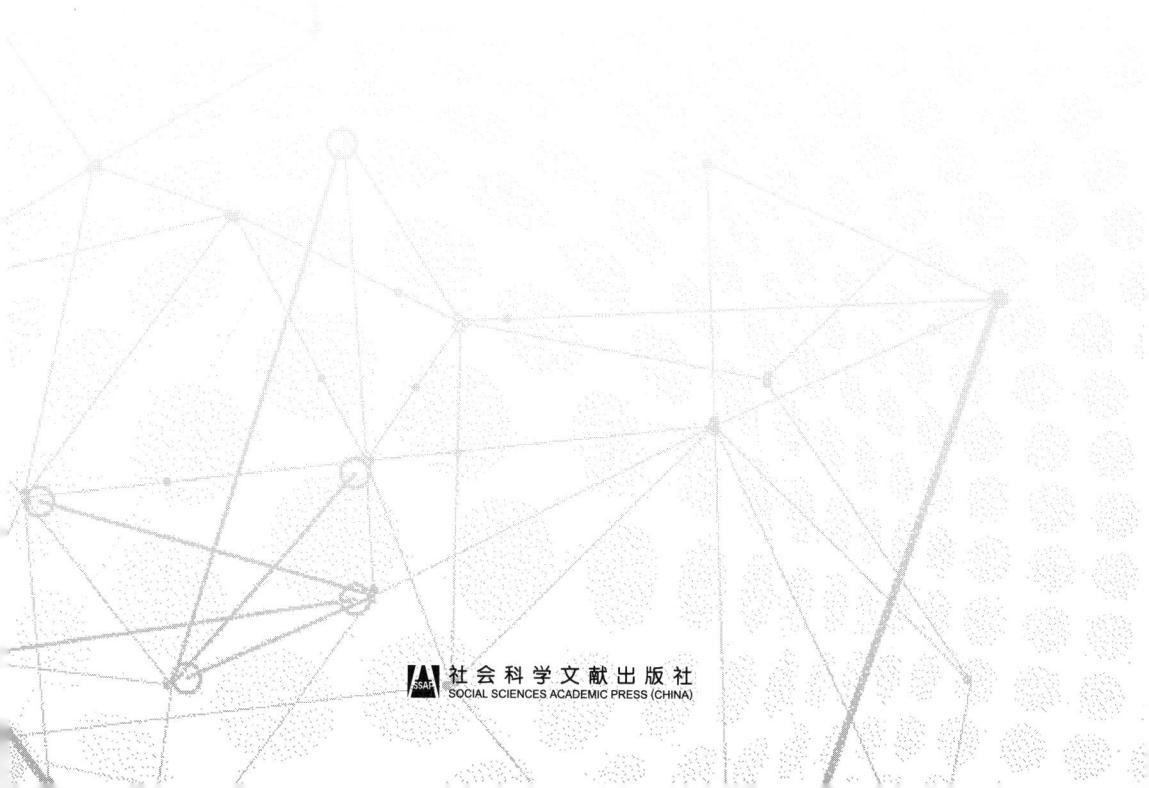

社会科学文献出版社
SOCIAL SCIENCES ACADEMIC PRESS (CHINA)

本书的出版得到以下基金项目的资助：

国家自然科学基金优秀青年科学基金项目（42022007）

国家自然科学基金面上项目（41871118）

国家自然科学基金青年科学基金项目（42201196）

中国宏观经济研究院基本科研业务费项目

前 言

能源是人类生产活动重要的动力来源，对能源的开发与利用是社会经济发展的重要支撑。能源不单纯是一种自然资源，也是全球经济与贸易联系中最主要的商品，更是全球经济活动与国际生产分工之间的特定历史关系的函数，能源要素的跨国界流动为研究国际政治经济形势提供了切入点。

当前，世界能源消费与利用结构正在发生深刻变化，国际能源行为主体间的权力依赖关系正在重构。中国作为世界上最大的能源消费国和新能源生产国，既面临严峻的海外能源安全形势，又具有参与全球能源治理的战略需求。那么，如何在复杂的国际能源体系中保障国家能源安全、提升治理的话语权与影响力？从能源经济要素的国际流动和关系网络相结合的视角出发，科学认知世界能源要素流动网络的基本特征、拓扑结构、组织模式与演化机制，可为提升中国在全球能源网络中的位置、影响力和竞争力等提供科学支撑。

围绕上述目标和关键科学问题，本书以能源权力为理论工具，以关系网络范式研究了国际能源资源、资产和新能源贸易网络的结构特征、组织模式、影响机制与权力关系等。在研究思路上，首先，以缓解中国严峻的能源安全形势和参与全球能源治理的客观需求为前提，将有关能源经济活动的要素流动及其背后的复杂权力关系进行有机衔接，在借鉴与综合国际贸易理论、全球生产网络理论、产业组织理论和复杂网络理论等理论优势的基础上，以理论演绎和历史比较的方法从理论上推演能源权力产生的逻辑基础；其次，引入关系网络范式，构建多要素、多主体、多层次与多尺度的能源网络，综合分析全球能源网络的整体格局与状态，明确能源网络的多重功能属性及变化过程，总结能源网络的结构特征与组织模式，采用定量与定性相结合的方法阐释能源资源、能源资产和新能源产业贸易网络的影响因素与机制；最后，聚焦中国参与全球能源治理与"一带一路"倡议的需要，在不同能源网络中有针对性地解析中国在世界能源网络中的位置变化、权力变化与资源配置能力之间的互动关系。面向中国中长期能源发展，本书重点探讨中国如何防范地缘风险与谋划能源独立，为提升中国在世界能源网络中的话语权与影响力、保障中国合法能源权益提供优化提升策略。在研究方法上，以经济地理学、国际贸易学、产业经济学和复杂网络科学理论为指导，采用多学科理论演绎、历史比较分析、计量经济分析和复杂网络分析等定性与定量相结合的方法开展问题剖析与论述。研究的主要结论如下。

第一，处于油气时代的能源具有政治和经济双重属性。地缘政治视角下的能源权力诞生于现实归纳、学理类比与范围递推的三重逻辑，其研究主要聚焦能源资源的争夺控制及其对国际政治和国际关系的影响。从能源经济地理视角观察，能源权力产生于市场机制，包括需求侧的产品关联与不完全替代、供给侧的寡头垄断与结构性壁垒、在位企业与新进入企业的策略性行为，以及国际能源市场交易与价格机制。影响能源权力运行的因素包括重大技术进步带来的颠覆性变革、能源耦合经济发展所引发的市场需求的全球性转移、能源产业链配置策略与市场博弈，以及从资源控制到话语权的目标转向等关键驱动因素。能源网络与能源权力的经济地理研究，应在资源贸易层面加强国际能源贸易网络的结构演化与组织模式研究，在能源资产层面展开能源资产收购网络的结构特征与演进机理研究，在产业层面进行后发国家新能源贸易与网络扩权的路径研究。

第二，20世纪90年代以来，世界能源贸易关系不断趋于复杂化。近年来，能源贸易主体数量基本保持稳定，当前占世界总数近80%的国家/地区参与能源贸易，国际能源贸易网络同时具有小世界特性与无标度特性。国际能源贸易网络存在三大社团，分别是以美国为首的贸易社团、欧洲－东欧国家贸易社团和东亚－东南亚贸易社团。地理距离、制度差异、历史文化及政治关系等是贸易社团形成的重要因素。在贸易社团内，核心国家间的贸易依赖存在非对称性，能源需求国进口来源的多元化现象更为突出，东亚、东南亚市场是供给国共同争夺的对象。世界能源的进出口格局和权力结构已发生重塑。中国逐渐从国际能源贸易网络的边缘向核心转移，能源权力不断提升，但同时也面临较高的地缘政治风险。

第三，以"一带一路"沿线国家的石油贸易网络为例，采用指数随机图模型从内生结构效应、行动者－关系效应和外生网络效应三个方面剖析了能源贸易网络形成的影响因素和机制。研究表明，互惠链接是网络形成的基础，经济规模差异是网络形成演化的前提条件之一；语言邻近和制度邻近可以降低贸易双方的沟通成本，地理邻近和签订贸易协定有利于降低交易成本，它们是促进网络关系形成的重要原因；在偏好依附、择优选择和网络闭合机制作用下，贸易网络形成后便会发生演化；在一定阶段，网络中国家节点的能源权力越大，越有利于形成多种优势，进而形成反馈作用以促进能源贸易网络的持续演化。

第四，由于能源资源的稀缺性、区位的固定性和自然地域的嵌入性，能源部门天然地具有垄断与重资产的属性，标的物（如油田区块、油气企业等）收购过程体现了主体对能源资产支配权的转移。以中亚为例，构建了能源资产收购的有向网络，研究表明，2002~2016年中亚能源资产的收购过程具有较为明显的三阶段特征。随着参与收购交易的国家多元化程度的提升，交易集团也实现了多方面的重组，这反映出参与中亚能源开发与交易的势力集团的变化，尤其是新兴市场国家进入中亚能源市场的数量及它们之间的合作深度在提升。从组织模式看，横向收购的发生最为频繁，主要是石油和天然气开采产业内部的收购；纵向收购的产业非常聚焦且交易量少，主要发生在采矿业、电力行业、煤炭行业与油气行业之间；少量的混合收购交易聚焦公共管理、企业管理服务与金融投资活动对油气行业的投资。中亚国家油气的生产、消费与对外供给能力是中国在中亚地区开展国际能源合作以及能源权力关系演变的基础，中亚国家的贸易格局和贸易互动关系是强化因素，而中亚国家油气贸易对中国存在非对称依赖则导致了权力不对称，加强双方在政治、经济与金融多领域的合作可以降低权力的不对称性。

第五，与以资源地理分布为基础的油气贸易显著不同的是，新能源贸易关系更加多样化，贸易网络的分环节特征更加显著和复杂。以光伏产业为例，中国光伏产业在经历了2010年之前的起步阶段、2011~2014年的起飞阶段、2015~2017年的主导阶段以及2018年以来的转型阶段后，在研发、资本与设备、生产制造、系统集成和电站建设与运维等不同环节均已掌握产业主导权、具备全球竞争优势。而这一结果则经历了主营业务的多元化和一体化、产品贸易的全球化及海外生产布局扩张等多方面的发展路径。影响中国光伏产业全球竞争优势重塑的驱动因素为技术创新推动光伏产业链产品成本价格下降、本土市场需求与国际市场的协调、在位企业与新进入企业的策略性博弈、政策调控下的产业周期性波动。

第六，中国目前油气进口来源过于集中，难以有效防范地缘风险对国家能源安全造成的隐患；而在以光伏为主的新能源领域尽管已经实现全球竞争优势重塑，但需要不断提升能源治理的国际影响力和话语权。为此，一方面，需要促进油气进口多元化，推进多方位、广领域的经贸合作模式；构建多元化的战略通道网络，确保海陆能源运输通道安全；提升贸易网络的关联性和确保贸易安全，使能源权力更加分散。另一方面，需要推动建立务实高效的国际能源合作机制，构建能源命运共同体；聚焦能源领域重大技术突破，争取引领新一轮世界能源变革，通过多种途径提升中国的能源权力。

总之，对国际能源网络的结构组织、能源网络中权力的产生及其影响机制的理论与实践探索，是能源地缘政治与能源经济地理的核心命题之一，需要进行长期的跟踪研究。本书从多学科与关系网络视角解构了世界能源经济活动所形成的能源网络，并量化研究了网络背后的能源权力。然而，囿于个人精力和认知，本书对构成全球能源网络的信息、人才（就业）和基础设施等要素，以及环境效应、隐含能源网络的关注不足。展望未来，应加强对新形势下能源网络与能源权力、重大能源事务所引发的能源地缘格局重构的大数据模拟、能源网络视角下全球能源治理体系等方面的研究。

目 录

第一章 全球能源形势 / 001

第二章 能源网络研究前沿 / 017
    第一节 核心概念 / 017
    第二节 相关研究进展与评述 / 022

第三章 能源网络与能源权力 / 032
    第一节 能源权力产生的地缘政治逻辑 / 032
    第二节 产业经济视角下能源权力生成的微观机理 / 037
    第三节 影响能源权力运行的关键驱动因素 / 042
    第四节 基于多要素与多尺度网络的能源权力研究重点 / 047
    第五节 本章小结 / 050

第四章 能源资源贸易网络结构组织 / 052
    第一节 数据与方法 / 052
    第二节 网络拓扑结构 / 056
    第三节 网络组织模式 / 060
    第四节 网络权力结构 / 067
    第五节 中国在国际能源贸易网络中的位置与权力 / 071
    第六节 本章小结 / 075

第五章　能源资源贸易网络的演化机制　/ 076
　第一节　能源资源贸易网络　/ 076
　第二节　能源资源贸易网络研究的模型方法　/ 078
　第三节　能源资源贸易网络实证分析　/ 081
　第四节　本章小结　/ 091

第六章　能源资产贸易网络结构组织　/ 092
　第一节　数据来源与分析框架　/ 092
　第二节　中亚能源资产贸易网络的结构特征及演变　/ 096
　第三节　中亚能源资产贸易网络的组织模式及影响因素　/ 105
　第四节　中亚国际能源合作与权力关系形成机制　/ 108
　第五节　本章小结　/ 115

第七章　能源网络下中国光伏产业发展　/ 118
　第一节　光伏产业链发展　/ 118
　第二节　中国光伏产业发展　/ 124
　第三节　中国光伏产业贸易网络与生产网络特征　/ 132
　第四节　中国光伏产业全球竞争优势重塑的驱动机制　/ 141
　第五节　本章小结　/ 151

第八章　结论与展望　/ 152
　第一节　结论与建议　/ 152
　第二节　不足与展望　/ 159

参考文献 / 163

附　录 / 188

第一章 全球能源形势

当前，世界能源形势与能源利用结构正在发生深刻变化。在传统油气资源领域，能源地缘政治争夺形势依然严峻，而以光伏、风电等为主的新能源正在重塑世界能源版图，能源要素流动与国际能源行为主体之间的权力依赖关系也正在重构。中国作为世界第一能源消费国、进口国和新能源生产国，在传统油气和新能源两方面均面临形式多样的挑战。在这种形势下，如何保障中国的国家能源安全与合理的国际能源权益？基于这一问题，本章阐述了本书的研究背景与意义，厘定了关键术语，重点阐述了所要研究的关键问题、研究思路与目标、研究内容与方法、技术路线和已有的研究基础，并总结凝练了本书的特色及可能的创新点。

一 化石能源主导地位不变，但新能源发展迅速

从世界能源消费结构来看，化石能源仍然占据主导地位。如图1-1所示，世界能源消费总量在波动中保持持续增长态势，从1965年的不足40亿吨油当量增至2017年的135亿吨油当量。如图1-2所示，2017年化石能源（煤炭、石油、天然气）消费占比高于85%，仍占据主导地位。其中，煤炭消费量为37亿吨油当量，占全部能源消费量的27.62%，近年来煤炭消费量年均变化幅度较大，整体上呈现缩减的趋势。2017年，石油消费量为46亿吨油当量，占全部能源消费量的34.21%；作为清洁能源的天然气消费量为32亿吨油当量，占全部能源消费量的23.36%。石油和天然气在能源消费中的占比接近60%，说明油气仍然是全球能源市场的主体。从增速来看，2010年以来，石油消费年均增长规模约为6000万吨油当量；天然气消费年均增长规模约为

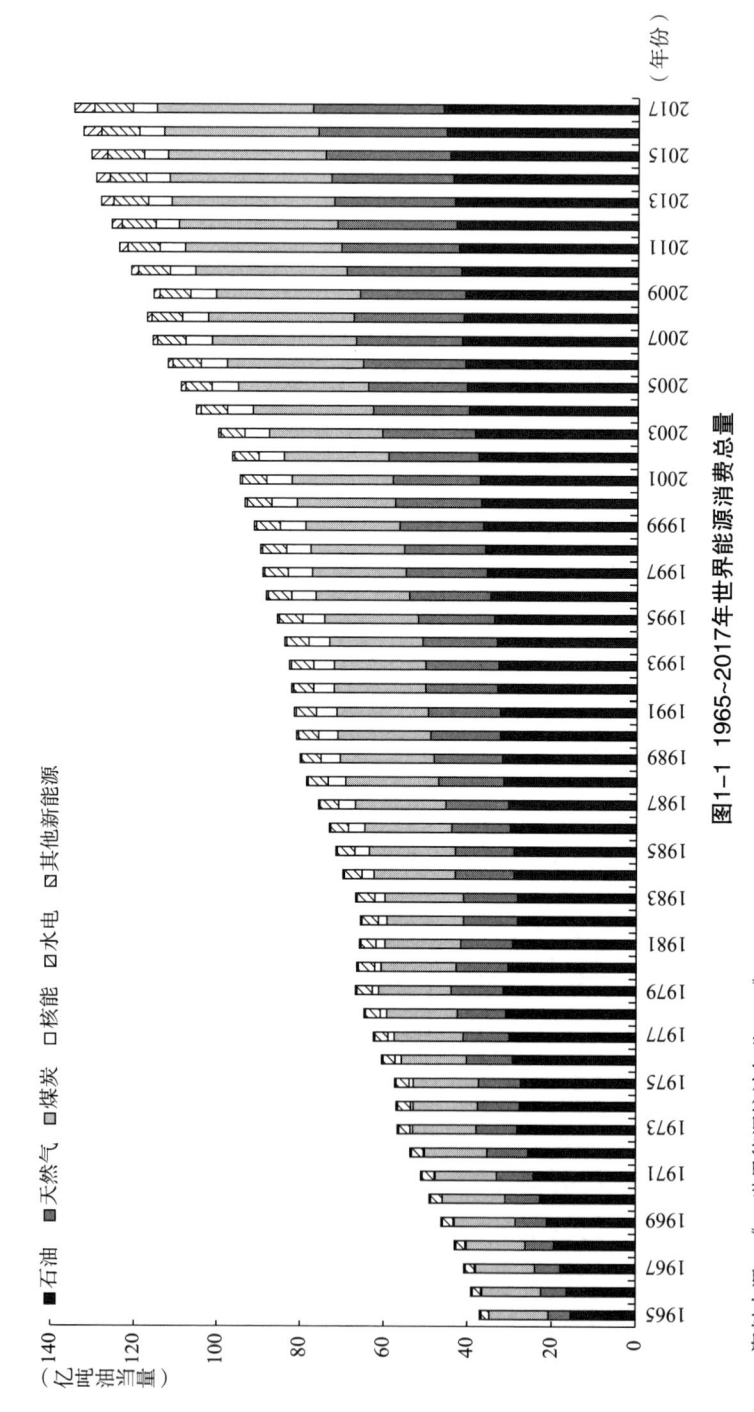

图1-1 1965~2017年世界能源消费总量

资料来源：《BP世界能源统计年鉴2020》。

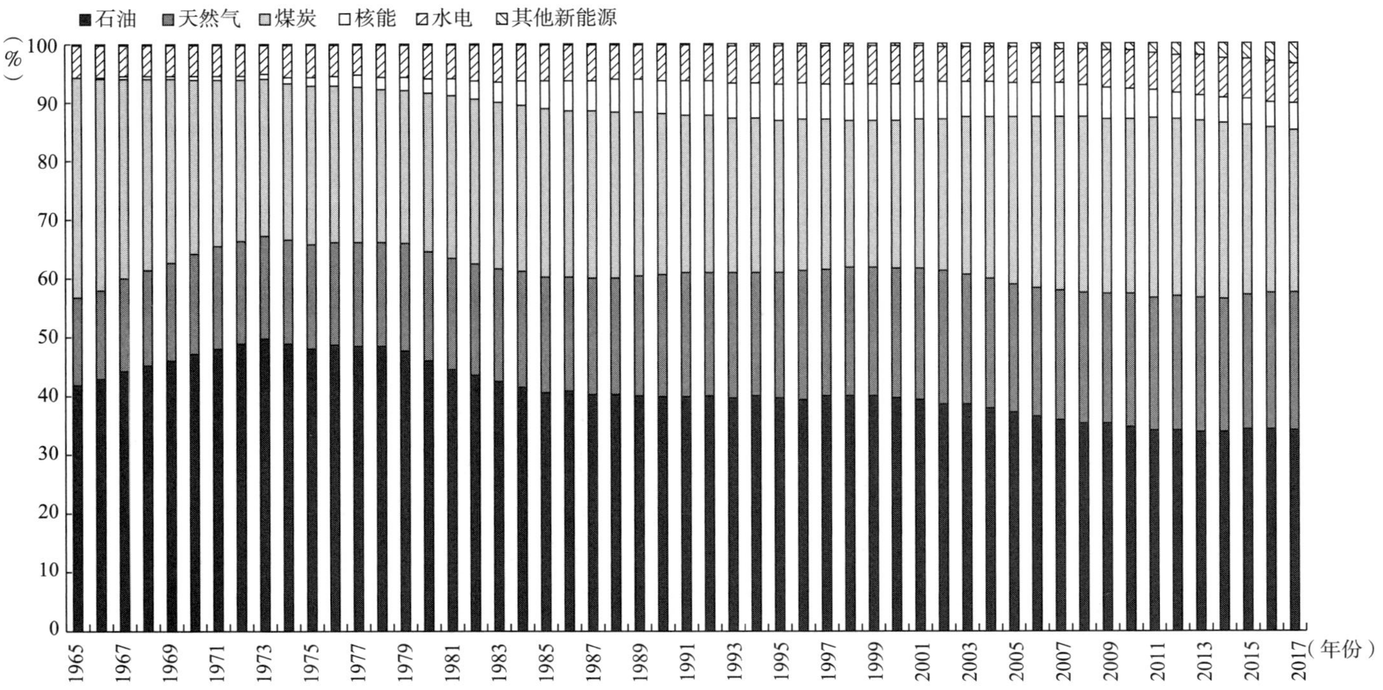

图1-2 1965~2017年世界能源消费结构变化

资料来源：《BP世界能源统计年鉴2020》。

6000万吨油当量，均呈现明显的增长态势。根据《BP世界能源展望》预测，2035年之前，即使在加速情景和净零情景下，油气资源仍将占据全球能源系统的重要位置（BP，2023）。因而，在相当长时间内，油气资源仍是世界上最重要的战略资源，保障油气资源的供需安全依然是关乎国家经济发展与国防安全的重大战略。

与此同时，新能源与可再生能源等在过去几十年间实现了快速发展，持续推进能源转型。新能源在世界能源消费中的占比从1965年的6%上升至2017年的15%，非水可再生能源更是从1965年的110万吨油当量增至2017年的4亿吨油当量。过去30年来，尤以光伏和风电等可再生能源增长最为显著，1991～2017年，世界太阳能消费量从11万吨油当量增长至1亿吨油当量，年均增速高达30%；风能消费量从92万吨油当量提升至2.5亿吨油当量，年均增速达25%；核电和水电发展趋于稳定，2017年核电和水电消费量分别为6亿吨油当量和9亿吨油当量，占全部能源消费量的比重分别保持在4.4%和6.8%；而生物质能及其他能源发展则较为缓慢（IEA，2017；ExxonMobil，2018）。

二 传统油气领域的地缘政治争夺形势依然严峻

油气资源开发常常受限于资源储藏与地理分布，因此传统油气领域的地缘争夺存在地理集中现象。第一次石油危机以来，油气资源的分布、生产、消费与贸易的基本格局发生了多次转型与重塑（IEA，2017；ExxonMobil，2018），不断改变着能源的争夺态势（余建华等，2011；王亚栋，2003）。尤其是自20世纪80年代以来，由于海湾地区油气探明储量增长有限，伴随非OPEC（石油输出国组织）国家的油气勘探和开发，世界油气资源储量分布呈现多极变化的特征，油气资源储量中心由俄罗斯和中东地区的双核特征，变为中东地区、俄罗斯、北美洲、中亚-里海地区、北非和几内亚湾地区等多中心的特征。但根据统计，前20个油气资源国累计油气储量总体上依然占据世界总油气储量的93.62%（BP，2017）。

伴随世界油气生产中心的转移，供给形势有了新变化。从世界油气生产与供应格局来看，油气资源储量的分布在一定程度上决定了生产的分布格局，世界范围内的油气产量与储量分布格局基本一致。从生产的地理格局来看，20世纪90年代以来，非OPEC国家在世界油气生产中的份额不断扩大。从1995~2015年世界油气生产的格局演变来看，基本形成了较为稳定的多中心能源生产格局，俄罗斯、北美、沙特阿拉伯、中亚-里海地区、中国和中南美洲在世界油气生产中的地位进一步提升。由表1-1可知，2015年世界油气产量为74.19亿吨油当量，其中美国、俄罗斯和沙特阿拉伯的油气产量均超过5亿吨油当量，分别为12.57亿吨油当量、10.58亿吨油当量和6.63亿吨油当量，分别占世界油气生产总量的16.94%、14.27%和8.93%，是世界前三大油气生产国。

表1-1 1995年、2005年和2015年世界油气产量排名前20的国家

单位：亿吨油当量，%

排名	1995年			2005年			2015年		
	国家	产量	比重	国家	产量	比重	国家	产量	比重
1	美国	8.58	16.84	俄罗斯	9.97	15.72	美国	12.57	16.94
2	俄罗斯	7.90	15.52	美国	7.69	12.13	俄罗斯	10.58	14.27
3	沙特阿拉伯	4.76	9.34	沙特阿拉伯	5.85	9.23	沙特阿拉伯	6.63	8.93
4	加拿大	2.45	4.82	伊朗	3.00	4.73	伊朗	3.53	4.76
5	伊朗	2.16	4.24	加拿大	2.96	4.67	加拿大	3.50	4.71
6	英国	1.94	3.80	墨西哥	2.34	3.68	中国	3.37	4.54
7	委内瑞拉	1.80	3.54	中国	2.27	3.58	卡塔尔	2.40	3.23
8	墨西哥	1.77	3.48	挪威	2.16	3.41	阿联酋	2.30	3.09
9	中国	1.66	3.25	委内瑞拉	1.94	3.06	伊拉克	1.98	2.67
10	挪威	1.63	3.21	阿联酋	1.79	2.82	挪威	1.94	2.61
11	阿联酋	1.41	2.76	阿尔及利亚	1.66	2.61	墨西哥	1.76	2.38
12	印度尼西亚	1.31	2.57	英国	1.64	2.59	委内瑞拉	1.64	2.22
13	科威特	1.13	2.22	尼日利亚	1.46	2.30	科威特	1.64	2.21
14	阿尔及利亚	1.10	2.15	科威特	1.41	2.23	尼日利亚	1.58	2.13
15	尼日利亚	1.02	2.00	印度尼西亚	1.21	1.91	巴西	1.53	2.06
16	利比亚	0.74	1.45	巴西	0.99	1.56	阿尔及利亚	1.45	1.95

续表

排名	1995 年			2005 年			2015 年		
	国家	产量	比重	国家	产量	比重	国家	产量	比重
17	荷兰	0.61	1.20	卡塔尔	0.94	1.48	印度尼西亚	1.08	1.45
18	阿根廷	0.59	1.16	利比亚	0.92	1.46	哈萨克斯坦	0.96	1.30
19	埃及	0.58	1.14	马来西亚	0.92	1.45	马来西亚	0.96	1.29
20	马来西亚	0.58	1.13	伊拉克	0.91	1.44	安哥拉	0.89	1.20

资料来源：根据《BP 世界能源统计年鉴 2017》计算。

美国逐渐实现"能源独立"，并超越沙特阿拉伯和俄罗斯成为世界第一大油气生产国，增强了全球能源地缘政治的不确定性。2015 年，美国解除了长达 40 年之久的石油出口禁令。根据美国能源信息署（EIA）数据，出口解禁后美国石油出口量大幅增加，2016 年和 2017 年年均出口增长率分别为 27% 和 140%。美国石油解禁使得美国在石油贸易中的角色发生了重大转变，由石油进口方变为出口方转而成为国际市场的新供应方。2017 年，美国石油产量达到 5.7 亿吨，超过沙特阿拉伯和俄罗斯成为世界第一大石油生产国。2018 年，美国一共出口了 1.16 亿吨石油，总贸易额高达 472 亿美元。

从表 1-2 和表 1-3 来看，美国石油出口的区域由加拿大扩大至以中国、韩国为代表的亚洲地区和以英国、荷兰为代表的欧洲地区，基本覆盖全球主要消费区。美国石油出口量的增加加剧了与中东国家、非洲国家在亚太、欧洲市场的竞争，加速了全球石油市场格局的重塑。美国在中东、非洲和中南美地区深耕多年，具有巨大的影响力，而这些地区又是中国、印度等新兴工业化国家油气资源的重要来源地，因此，美国完全可以根据其战略需要，通过政治、经济乃至军事的手段来改变这些地区的能源供应链。通过牵制或制约一些不符合美国战略利益的油气生产大国，不仅可以起到破坏新兴工业化国家发展节奏的目的，同时也可借机扩大自身的能源销售市场，更有利于维护美国的全球战略利益。

表1-2 2016~2018年美国石油主要出口国及其出口量比重

单位：百万吨，%

排名	2016年 出口国	出口量	比重	2017年 出口国	出口量	比重	2018年 出口国	出口量	比重
1	加拿大	20.92	60.82	加拿大	20.52	30.54	加拿大	21.94	18.87
2	荷兰	2.50	7.28	中国	12.84	19.11	韩国	13.70	11.78
3	库拉索	1.72	5.01	英国	5.62	8.37	中国	13.25	11.39
4	中国	1.27	3.69	荷兰	5.35	7.96	英国	9.50	8.17
5	意大利	1.19	3.46	韩国	3.23	4.80	荷兰	8.45	7.27
6	英国	0.86	2.50	意大利	2.89	4.31	印度	7.67	6.59
7	瑞士	0.82	2.38	法国	1.63	2.43	意大利	7.31	6.29
8	韩国	0.62	1.80	印度	1.53	2.28	日本	3.72	3.20
9	新加坡	0.62	1.79	新加坡	1.52	2.26	新加坡	3.69	3.17
10	哥伦比亚	0.56	1.62	日本	1.48	2.20	泰国	2.32	1.99

资料来源：根据UN Comtrade数据库油气资源贸易数据计算。

表1-3 2016~2018年美国液化天然气主要出口国及其出口额比重

单位：亿美元，%

排名	2016年 出口国	出口额	比重	2017年 出口国	出口额	比重	2018年 出口国	出口额	比重
1	智利	2.16	22.50	墨西哥	6.52	18.79	韩国	12.84	21.87
2	中国	1.37	14.23	韩国	5.96	17.18	墨西哥	8.70	14.81
3	墨西哥	1.21	12.63	中国	4.24	12.21	日本	8.25	14.05
4	印度	1.04	10.84	日本	3.37	9.70	中国	5.14	8.75
5	日本	0.73	7.64	约旦	2.05	5.90	印度	3.52	6.00
6	约旦	0.59	6.10	土耳其	1.76	5.06	英国	2.97	5.06
7	土耳其	0.58	6.07	智利	1.45	4.17	巴西	2.06	3.51
8	巴西	0.48	5.01	葡萄牙	1.34	3.87	约旦	2.03	3.46
9	阿根廷	0.39	4.06	西班牙	1.22	3.52	阿根廷	1.89	3.23
10	埃及	0.23	2.42	科威特	1.15	3.32	智利	1.76	2.99

资料来源：根据UN Comtrade数据库油气资源贸易数据计算。

油气消费中心逐渐向亚太转移，亚洲成为油气资源消费增长最快的区域（张宇燕、管清友，2007；杨宇，2013）。随着亚太经济的快速发展，2004年以来，亚太地区反超美国成为世界最大的石油消费地区，占比约为30%；2000年以来，世界主要国家的能源消费增量的50%以上来自以中国和印度为主的新兴经济体。世界石油消费重心随之由北美、欧洲转移到亚太。近几年，受世界经济回暖、能源需求增长、出口大国石油减产协议以及美国出口解禁等因素影响，全球石油市场基本面得到改善，呈复苏态势，部分石油市场呈现理性化的局面。中国是世界上最大的能源消费国，其消费增量贡献最为突出，占世界增量的比重约为30%。印度能源消费增量总体增加，由2001年的63万吨油当量增加到2017年的795万吨油当量（见图1-3），占比则由1.7%上升至12.4%。

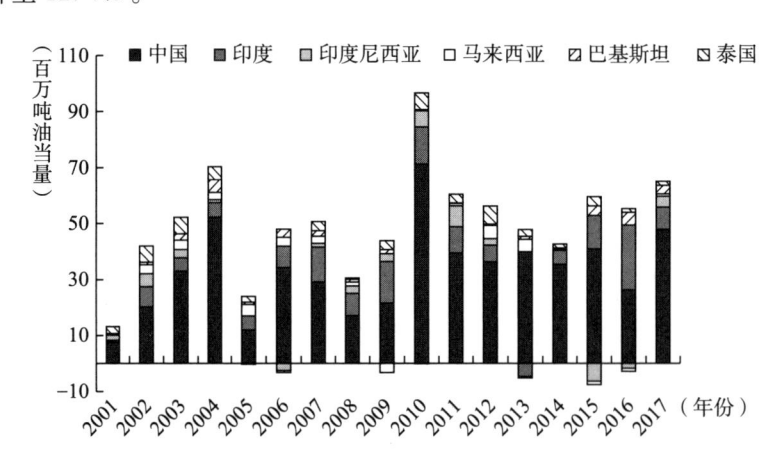

图1-3 2001~2017年东亚主要新兴工业化国家的能源消费增量

资料来源：根据《BP世界能源统计年鉴2017》计算。

产消格局错位导致油气资源贸易格局多极化，20世纪90年代以来，世界油气贸易格局趋于复杂化。从世界油气贸易的双边流向来看（见表1-4），1995年超过1000万吨油当量的贸易关系有45对，超过500万吨油当量的贸易关系有80对，构成了当时世界油气贸易最主要的框架。从双边贸易量来看，1995年世界油气贸易的核心进口国是日本、美国、韩国和部分欧洲国家。2005年，世界油气贸易的网络复杂程度有所增加，无论是生产国的出口网络还是消费国的进口网络都得到了拓展；超过1000万吨油当量的贸易关系有69对，超过500万吨油当量的贸易关系有118对，美国、日本和部分欧洲国家依然主导着世界最主要的双边油气贸易关系。2015年，世界油气贸易格局发生了明显的变化，贸易关系总数由2005年的1151对增加到2015年的1458对。其中，超过1000万吨油当量的贸易关系仅有63对，超过500万吨油当量的贸易关系有124对，世界油气贸易呈现越发显著的分散化和多极化的特征，形成了以美国、日本和中国等油气消费国和加拿大、沙特阿拉伯、俄罗斯、委内瑞拉等油气生产国为核心的世界油气贸易网络。

表1-4　1995年、2005年和2015年世界油气贸易量排名前20的贸易关系

单位：万吨油当量

排名	1995年			2005年			2015年		
	进口国	出口国	贸易量	进口国	出口国	贸易量	进口国	出口国	贸易量
1	日本	阿联酋	6628	美国	加拿大	23369	美国	加拿大	16846
2	美国	沙特阿拉伯	6485	美国	委内瑞拉	7847	美国	沙特阿拉伯	5389
3	美国	委内瑞拉	5808	美国	墨西哥	7602	中国	沙特阿拉伯	5054
4	日本	沙特阿拉伯	5234	美国	沙特阿拉伯	7172	英国	挪威	4923
5	美国	加拿大	5188	日本	沙特阿拉伯	6427	印度	沙特阿拉伯	4333
6	美国	墨西哥	4724	日本	阿联酋	5782	中国	俄罗斯	4267
7	日本	印尼	3852	美国	尼日利亚	5578	韩国	沙特阿拉伯	4172
8	美国	尼日利亚	3610	比利时	荷兰	5563	美国	委内瑞拉	3958
9	韩国	沙特阿拉伯	3077	法国	比利时	3916	白俄罗斯	俄罗斯	3878
10	英国	挪威	2788	英国	挪威	4850	中国	安哥拉	3871
11	比利时-卢森堡	荷兰	2616	法国	比利时	3916	美国	墨西哥	3475
12	意大利	利比亚	2389	德国	俄罗斯	3797	比利时	荷兰	3389
13	新加坡	沙特阿拉伯	2153	白俄罗斯	俄罗斯	3612	印度	伊拉克	3235
14	德国	挪威	2152	韩国	沙特阿拉伯	3538	意大利	俄罗斯	3225

续表

排名	1995年 进口国	1995年 出口国	1995年 贸易量	2005年 进口国	2005年 出口国	2005年 贸易量	2015年 进口国	2015年 出口国	2015年 贸易量
15	德国	俄罗斯	2035	乌克兰	俄罗斯	3368	中国	阿曼	3215
16	日本	伊朗	1995	乌克兰	土库曼斯坦	2898	中国	伊拉克	3211
17	法国	沙特阿拉伯	1978	日本	伊朗	2874	韩国	卡塔尔	3052
18	法国	挪威	1967	日本	卡塔尔	2737	日本	阿联酋	2950
19	美国	英国	1928	美国	伊拉克	2572	德国	俄罗斯	2925
20	美国	安哥拉	1778	意大利	利比亚	2331	英国	挪威	2731

资料来源：根据 UN Comtrade 数据库油气资源贸易数据计算。

新兴工业化国家的"东亚集聚"趋势增加了油气摩擦的可能性。由于外需扩大和内需稳定增长，东亚主要新兴经济体的经济和能源消费均出现快速增长。而中国、印度、越南、泰国等新兴经济体和日本、韩国等发达国家都属于油气资源匮乏的国家，油气资源高度对外依赖。未来这些国家都将不同程度地面临能源危机，多方位开展国际能源外交，力求在国际能源配置格局中争夺话语权，获得稳定持续的能源供应，将不可避免地加剧亚太地区在全球能源治理和国际能源安全中的博弈。更为严峻的是，中国、印度和泰国等新兴工业化国家以及日本、韩国等老牌能耗大国的"东亚集聚"现象突出，叠加进口来源地的"中东集聚"问题，增加了区域能源溢价和地缘摩擦的可能性。

三 国际能源行为主体间权力依赖关系正在重构

石油危机时代，能源的权力属性主要表现为石油资源的有限性和空间分布不均衡性所产生的能源归属、加工、运输所构成的基本权益。随着经济全球化进程的加速，国际经济的相互依赖促使国际能源关系从早期的零和博弈转向了相互依赖与能源合作。其一，伴随油气资源国的国有化运动，资源控制权逐渐回归国家石油公司。石油危机之后，OPEC国家在全球油气生产中的主动权得以增强。其二，国际能源公司对能源权力的控制从根据《红线协定》瓜分石油勘探开发权（Engdahl，2004），逐步向能源投资控制、能源市场控制和能源技术创新能力等方向转变（Stevens，2008；Tordo，2011），并开始向新能源领域倾斜。尤其是美英等发达国家的国际石油公司对能源的控制，从资源占有、生产控制逐渐转向技术、金融、投资和定价等方面的控制。

近年来，以光伏、风电等为主的新能源发展迅速，推动世界能源消费结构加速转型，新能源对油气资源的替代效应逐渐凸显。世界经济绿色化、能源结构低碳化乃至无碳化是大势所趋，天然气、风能、太阳能等清洁能源需求将显著增加，煤炭、石油需求增长将相对放缓（ExxonMobil，2018）。根据《BP世界能源统计年鉴2017》，2016年世界一次能源消费中，水电占6.86%，核电占4.46%，风电和太阳能等其他新能源占3.16%（BP，2017）。国际能源署（IEA，2016）发布的《2016年世界能源投资报告》指出："虽然化石燃料在能源供应领域依旧占据主导地位，但是投资流向显示了能源系统的重新定位。"2000年以来，全球新能源研发和生产投资是化石能源的1.5倍。2015年，全球能源中石油、天然气和煤炭领域（上下游合计）总投资下降18%，这种趋势今后仍将持续。全球能源结构转型，将改变已形成的以传统油气资源为权力核心的能源网络。

在此背景下，全球范围内建立在传统能源生产格局基础上的能源权力正在被重新建构，不再以化石能源的占有权和生产权所产生的"油权"为唯一核心，而是拓展到了能源供应权、能源需求权、能源技术权、能源金融权、能源碳权及其所引发的发展权等多维能权（许勤华，2017）。能源相互依存以及能源国际合作成为霸权之后权力再分配的重要形式（奈，2005；基欧汉，2006），能源权力的主体逐渐向联合体转变，能权之争从能源大国的博弈逐步转变为利益集团的集体行动。IEA、OPEC以及国际能源宪章组织、国际能源论坛等成为促进能源权力相互依赖、相互制约的重要治理主体（Lesage and Graaf，2016），由此形成了错综复杂的能源权益关联网络（Yang and Dong，2016；Yang et al.，2017）。在这样错综复杂的网络中，不同主体因不同能权各据一方（许勤华，2017），但能源权益不再表现为一国之利益，而是表现为全球能源生产网络、消费网络和投资网络交织下的利益共同体权益再分配的过程。

四 作为世界最大能源消费国，中国面临严峻的海外能源安全形势

当前，中国已经超越美国成为世界第一能源消费大国，且中国能源消费总量与对外依存程度仍处于持续攀升状态，加之主要海外能源来源地存在不同程度的地缘风险，导致中国面临着巨大的能源缺口与严峻的海外能源安全形势。1993 年中国成为石油净进口国，2003 年产消差额首次过亿吨，到 2014 年产消差额突破 3 亿吨，2017 年中国石油消费量达到 5.88 亿吨，缺口 3.96 亿吨（见图 1-4a），到 2018 年已高达 4.61 亿吨，巨大的石油缺口只能依赖国际石油进口来弥补。从对外依存度来看，2018 年中国的石油进口量为 4.4 亿吨，相比 2017 年增长 11%，对外依存度首次突破 70%，已远大于国际能源署对其成员国划定的对外依存度的警戒线。如图 1-4b 所示，从 2007 年开始，中国成为天然气净进口国。近年来，中国天然气消费快速增长。2010 年天然气对外依存度突破 10%，次年即突破 20%，到 2014 年对外依存度便超过 30%。2017 年，中国天然气消费 2407 亿立方米，缺口 928 亿立方米，对外依

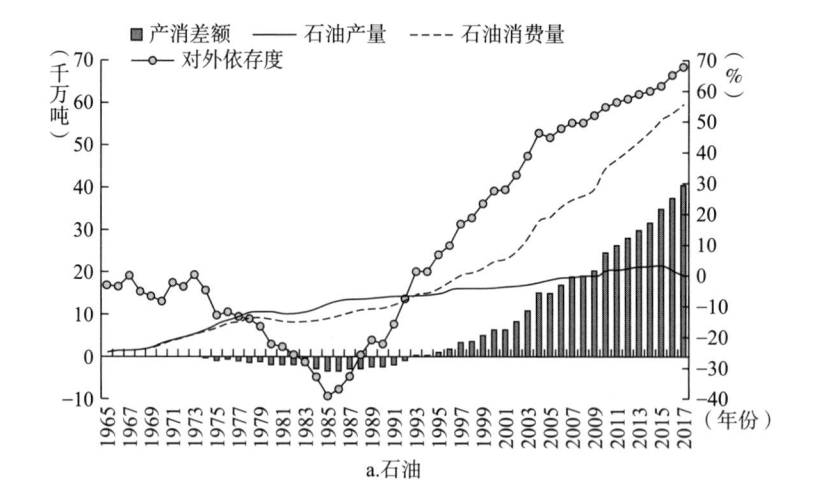

a.石油

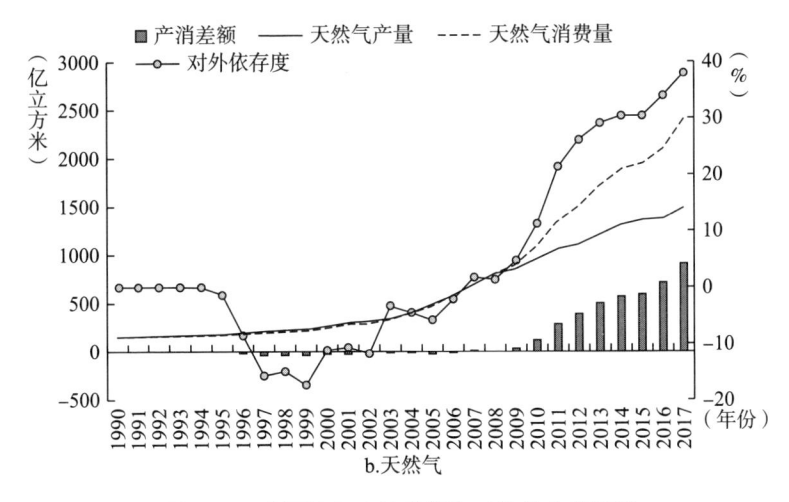

图 1-4　中国油气产消差额与对外依存度演变

资料来源：根据《BP 世界能源统计年鉴 2017》计算。

存度高达 39%（BP，2017）。2018 年，中国超过日本成为世界最大的天然气进口国，进口量超过 9000 万吨，对外依存度攀升至 45.3%。

中国的战略石油储备能力较低，对外供给来源不稳定。由于中国的资源禀赋为"多煤、少油、少气"，长期以来油气供应不足是中国能源安全的短板（刘毅，1999；李博等，2020；李兰兰等，2017）。而中国海外能源供给主要来源于中东、中亚等地区，长期面临着复杂动荡的国际与区域局势，来源的不稳定性和风险较大（张宇燕、管清友，2007）。除此之外，中国的海外能源供给不仅受到美国等西方大国的地缘政治牵制（恩道尔，2008），也面临日本、印度等消费大国的激烈竞争（夏义善，2009）。海上能源运输通道北印度洋航线、马六甲海峡和中国南海面临着复杂的国际政治博弈和领土争端。此外，能源民族主义抬头，成为地区资源争夺和地缘政治冲突的重要源泉，加剧了中国海外能源开发与合作的风险（黄运成、陈志斌，2007）。日趋严峻的能源地缘政治局势，使得中国在世界能源权力体系中面临着巨大的能源安全诉求（管清友、何帆，2007）。

何则等（2020）面向 2050 年世界能源发展形势与中国发展实际，考虑能源转型这一关键前提，基于重点行业部门的政策情景，采用国家应对气候变化战略研究和国际合作中心（NCSC）、国家发改委能源研究所（ERI）及美国能源创新（EI）联合研发的"能源政策模拟模型"（EPS模型），图1-5模拟结果表明：①若实行积极的能源转型政策，中国的能源消费总量有望在2040年达到峰值，其峰值区间为5755~7000mtce；②煤炭消费可在2030年前达峰，石油消费在两种转型情景下均将在2040年达到峰值，而天然气消费仅在加速转型情景下可于2035年实现达峰；③无论是在转型情景下还是加速转型情景下，到2050年油气消费占中国能源消费总量的30%，若推行更加积极的转型政策，

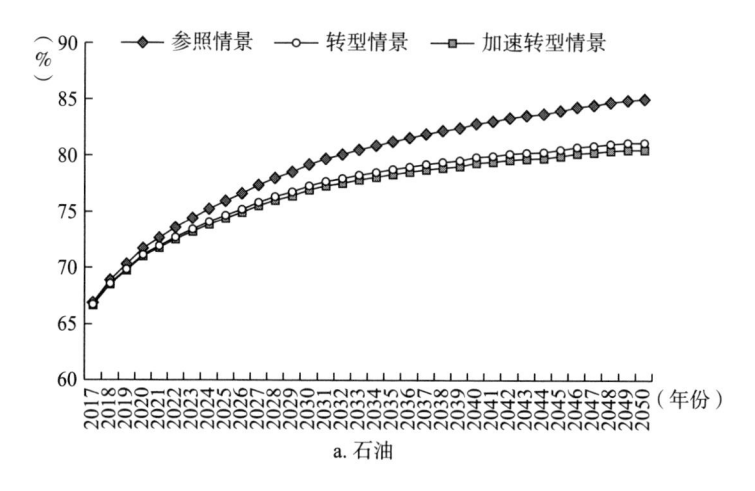

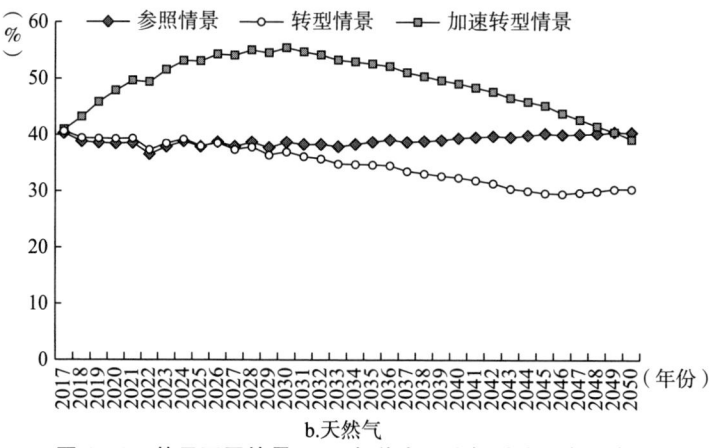

a. 石油

b. 天然气

图1-5 基于不同情景2050年前中国油气对外依存度变化

资料来源：何则等（2020）。

在加速转型情景下中国到 2050 年非化石能源消费占比将超越化石能源；④高需求、低产出将导致中国油气对外依存度在中长期内处于较高水平，因而 2050 年前保障国家能源安全仍不可忽视油气供给稳定性。在这种形势下，如何防范地缘风险、提升中国能源权力以及保障合理的国际能源权益，以确保国家能源安全，是政策制定者、产业组织者以及专家学者等共同关注的问题。

五 作为世界最大新能源供给国，中国具有参与全球能源治理的战略需求

近年来，中国积极发展新能源与参与全球能源治理，以应对全球气候变化和油气能源供应风险。当前，中国已经成为全球新能源发展的领导者，风电累计装机量、光伏装机总量、水力发电等均列全球第一位，其中太阳能相关产品贸易占世界的 42%（Yang et al., 2017）。2017 年，全球水电净增长全部来自中国，全球在建核能中 40% 来自中国（BP，2017）。同时，中国一直积极倡导参与全球能源治理并广泛参与全球性国际能源组织以及综合性、区域性国际组织的能源议题讨论（国家发改委能源研究所、英国帝国理工大学葛量洪研究所，2014；国际能源署，2016；许勤华，2017；赵勇强，2017）。《中国的能源政策（2012）》白皮书明确指出，中国要"积极参与全球能源治理，加强与世界各国的沟通与合作……维护国际能源市场及价格的稳定"；2015 年，《推动共建丝绸之路经济带和 21 世纪海上丝绸之路的愿景与行动》明确提出"加强能源基础设施互联互通合作，共同维护输油、输气管道等运输通道安全"等国际能源合作议题；2015 年 5 月，中国签署《国际能源宪章宣言》，同年 11 月成为国际能源署首批联盟国；2016 年，全球能源治理成为中国担任 G20 轮值主席国期间的主要议题之一。然而，中国在世界能源市场的话语权和在全球能源治理体系中的影响力却与其经济、政治的影响力不相称（赵庆寺，2016；戚凯，2017）。如何在错综复杂的能源网络中建立全球化资源配置体系和能源合作体系，提升在全球能源合作中的影响力和话语权，是中国深度参与全球能源治理面临的巨大挑战。

由于当前各国政府和国际组织通过集体行动协调相关利益的可行制度尚未建立，由能源相关问题扩散成为国际性危机的"黑天鹅事件"屡屡发生。2018年美国对伊朗进行"石油禁运"（杨宇等，2018b），2019年沙特阿拉伯油田遭遇袭击，导致国际原油市场价格飙涨；2020年OPEC+关于石油减产谈判的崩裂以及受新冠疫情影响石油需求下降，致使WTI原油5月期货出现历史性的负值。一系列国际能源事件对中国构成了实质性干扰甚至破坏，影响了中国的能源安全与经济社会稳定。国际事务投射到能源事务上，进而对中国经济社会发展产生破坏与牵制，昭示着走"能源独立"之路应成为长期抉择之一。然而，中国巨大的人口基数与经济发展规模以及仍需优化的产业结构决定了中国的能源消费总量大，"富煤、缺油、少气"的能源结构决定了能源利用的不清洁，持续攀升的油气对外依存度决定了海外能源供应的不安全，非常规油气储藏与禀赋不足决定了复制美国"能源独立"模式不可行（邹才能等，2020）。因此，中国务必要主动参与全球能源治理，积极倡导并主动参与全球性与国际性的能源组织以及综合性、区域性国际组织的能源议题讨论，在深度合作中逐渐扩大对全球能源事务的影响力和话语权，借助世界资源才可能保障国家能源的动态安全。

第二章　能源网络研究前沿

本章重点分析与本书密切相关的能源地缘政治、全球能源治理、国际能源贸易与国家能源安全等四方面内容。研究认为，能源的空间分布、产消格局的空间错位是权力产生的基础，即能源权力首先是在能源资源地理分布不平衡的基础上产生的。首先，一国通过对能源的占有、支配、分配和管理等来影响他国和其他行为主体的能力，并集中体现在能源博弈的过程与能源地缘政治中。其次，产消错位导致的国际能源贸易是国际能源权力从"地点空间"向"流空间"转换的基础。再次，从制度层面对国家之间能源权力的争夺予以规制，即全球能源治理是众多国家应该追求的共同理性目标。最后，从国家战略需求来看，国家能源安全是各国能源权力争夺的关键所在。

第一节　核心概念

一　能源

能源（energy resource）是指自然界中能够为人类生存和社会进步提供能量的资源。通常将能源划分为化石能源、可再生能源和新能源（见图2-1）。化石能源主要包括木材、煤炭、石油和天然气等，其主要来自自然界死亡的植物和地球演化历史中的植物和动物的沉积物；可再生能源和新能源主要指非化石能源，重点包括太阳能、风能、水能、核能、生物质能、地热能、氢能、新材料储能等（邹才能等，2019）。

首先，能源是人类生产活动重要的动力来源，对能源的开发与利用是社会经济进步的重要支撑。过往人类利用能源已经经历了薪柴时代、煤炭时代，目前正处于从油气向清洁能源转型的时代，不同的时代具有不同的特征。从单位能源富含的能量密度看，能源利用的时代演变特征主要表现为从低密度能源到高密度能源再到低密度能源的转变；从能源的开发形式看，能源开发主要表现为由分散到集中再到分散的转变；从能源对环境影响及利用效率的角度看，清洁高效利用逐渐成为新的时代特征（邹才能等，2020）。

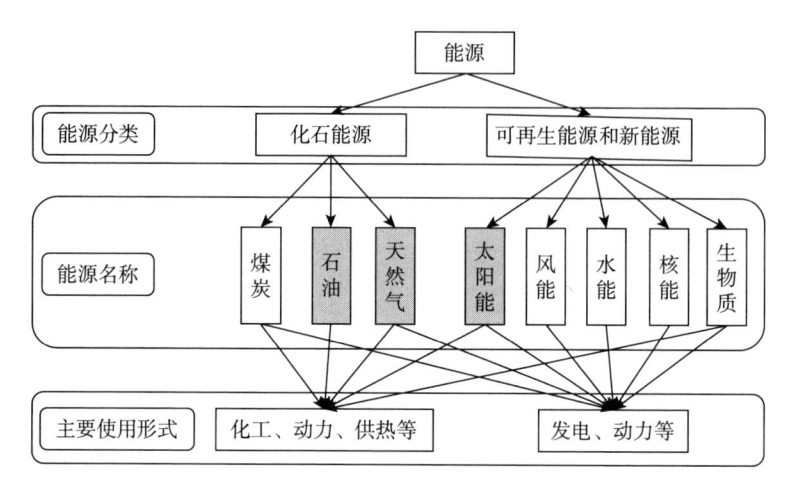

图 2-1　能源分类

资料来源：根据邹才能等（2019）修改。

其次，能源不仅仅是一种自然资源，更是全球经济与贸易联系中最主要的商品，也是全球经济活动与国际分工生产之间的特定历史关系的函数（Bridge，2008）。随着能源技术的进步，能源开发利用的类型、能源供应总量、能源利用结构对人类活动的支撑能力也发生了显著的变化。从"火与柴草"时代的亚非农耕文明，到英国主导的"煤炭与蒸汽机"工业革命时代，再到美国主导的"石油与内燃机"的能源变革，每一次能源时代的变革，都标志着社会生产力与能源变革国家国际地位的巨大跃迁（中国经济改革研究基金会，2012）。尤其是19世纪80年代世界石油生产量从80万吨猛增至2000万吨，随之而来的是依托石油资源发展起来的化学工业及种类繁多的化工产品，人类生产生活方式发生了翻天覆地的变化，此后电力时代和清洁能源时代极大地推动了人类产业结构高级化的进程（何则等，2018）。

最后，能源要素的跨国界流动为研究国际政治经济动态提供了切入点。由于当前人类所使用的商品能源作为重要的生产要素贯穿经济系统的各个环节，所以世界经济生产总值与能源消耗总量高度相关（邹才能等，2021），1980~2018年二者的相关系数高达0.997（魏一鸣等，2020）。工业革命以来，伴随世界经济发展重心的全球性转移，能源消费重心跟随经济发展重心转移，并经历了从欧洲大陆到北美大陆再到亚洲大陆的转变过程。20世纪70年代以来，伴随日本、中国和韩国等国经济的快速发展，世界能源消费的东亚转移现象越发明显。另外，能源的有限性，尤其是当前经济赖以依存的化石能源及其地理分布的不均衡性，使人类经济活动面临着严峻的存量约束。因此，追踪能源的存量和流量，为更广泛地了解国际地缘政治关系和全球经济动态提供了关键的切入点（Montgomery，2010）。

二 能源网络

"网络"这一概念最早来自社会学，社会学家以网络指代行动者之间的关系及由此形成的社会结构。从社会网络的几何隐喻结构看，网络主要由节点和节点之间的连线（边）构成。社会网络由个人、团体或国家等组成，是按照具体活动的过程与逻辑，在活动组织过程中不同主体之间形成的一种关系网络，主体在网络中的位置及其与其他主体之间的连接关系决定了其在社会中的地位。使用网络的视角和概念，将"角色"或"机构"（国家、企业和组织等）联系起来，对考察不同的组织和空间尺度上的关联结构与过程，对帮助我们深刻理解这复杂、动态与多元化的经济地理活动大有裨益（Dicken，2007）。

聚焦能源领域，在能源政治、经济与产业活动所形成的国际能源体系中（见图2-2），能源活动的行为主体包括国家与能源企业以及由国家与企业等组成的各种能源组织，各类能源主体之间通过能源要素流动产生关联。能源要素包括资源、技术、资本、金融、信息、人才等一般要素，也包括港口航运、管线电缆以及配套设施等物质基础，同时也包含规范、制度与规则等治理要素。这些要素依存于一定的地理环境与社会经济环境，但同时又具有一定的流动性。流动性的强弱与其地理依附性呈负相关关系，因而其跨越边界的能力与特征也将不同。不同能源要素通过跨边界流动在能源行为主体之间形成能源网络。能源网络组织的基础是能源资源产品的生产组织过程，包括提取、转换、运输、储存、分布、终端转换与终端利用的不同环节。能源产品及其要素在一定的制度环境中，经历过资产化后便具有了权属与收益性质。

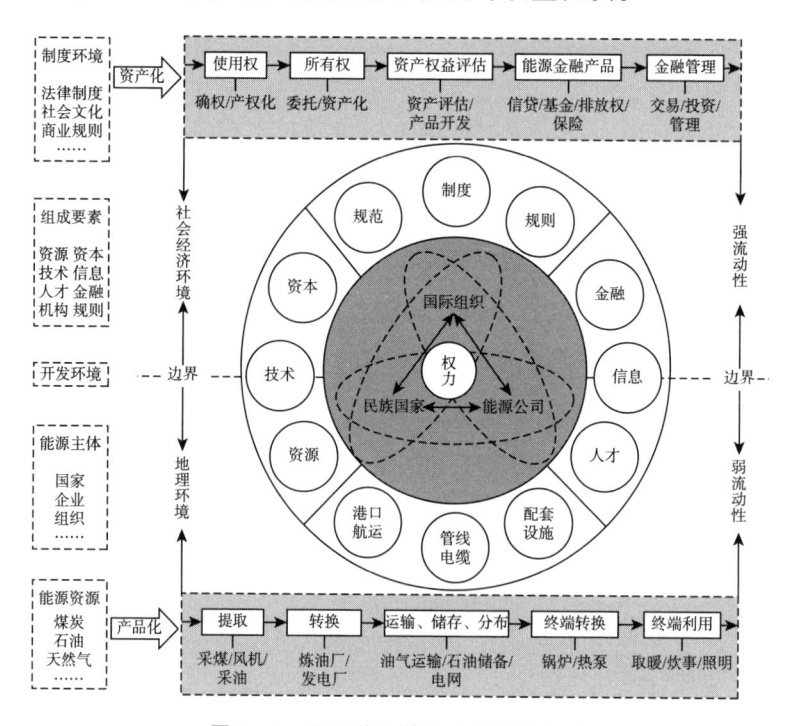

图 2-2　国际能源体系中的要素组成

将国际能源体系以网络化的形式表达，网络的节点则可以是国际能源体系中的行为主体，而边（线）则是能源行为主体之间的各种联系和纽带。在经济全球化时代，能源经济活动的部门与区域纵横交叉，不同主体本着不同目的在能源经济活动的生产组织过程中占据一个或多个环节，其能源互动覆盖一个或多个领域，由此形成一个主体众多、要素纷杂、过程穿叉、利益交织、错综复杂的能源活动关联网络，即国际能源网络（International Energy Networks，IENs）（见图 2-3）。理解经济全球化时代地缘结构的关键在于理解全球网络结构，全球网络结构的发展使得全球地缘结构转变为一个不停变化的变量特征（赵可金，2008）。以能源经济活动为基础，原来局限于"地点空间"的资源控制权逐渐被以跨国界的贸易、投资和组织关系为代表的"流空间"中的网络化权力所取代。因此，能源权力研究的视野也需要从"地点空间"的分布规律转向关系网络探索模式。

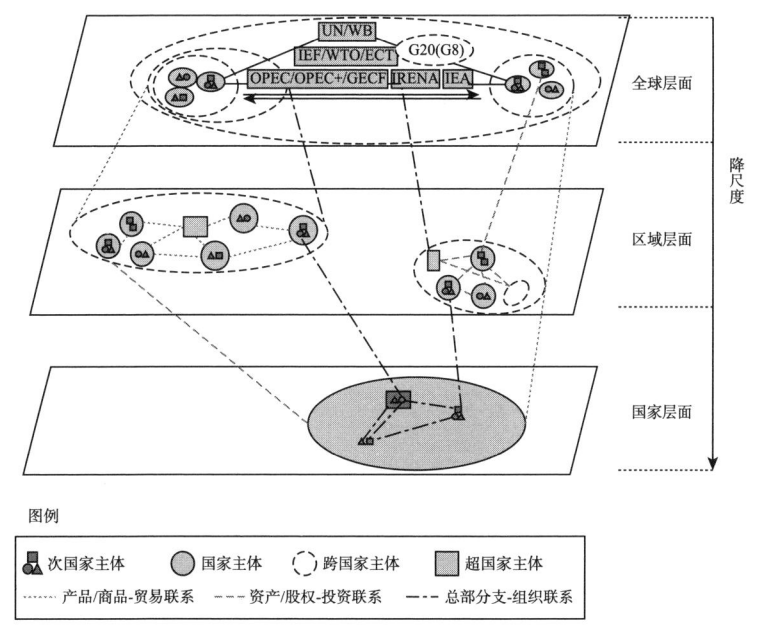

图2-3 多要素与多尺度的国际能源网络示意

注：UN 指联合国，WB 指世界银行，IEF 指国际能源论坛，WTO 指世界贸易组织，ECT 指《能源宪章条约》，IRENA 指国际可再生能源署，GECF 指天然气输出国论坛。

三 能源权力

本书认为，能源权力就是参与能源活动的行为主体在能源网络中的影响力、控制力与竞争力的集中体现。从权力视角透视国际能源政治经济体系和能源产业经济活动，为国家能源安全与全球能源治理等领域的研究提供了重要理论工具（Bridge，1997；徐建山，2012；许勤华，2017）。

由于能源的组成具有横向与纵向的交叉特征，所以能源权力天然是个复杂的概念（Calvert et al., 2017）。能源行为主体在能源网络中的权力大小，既与能源行为主体自身的规模、性质及其在网络中的位置有关，也与网络的结构与连接方式密切相关，同时也与影响网络的外部因素存在一定的关联。从历史上看，由于能源及其权力争夺所引发的国际战争与地区冲突问题屡见不鲜，深刻认识能源权力可以加强国家能源权力配置与国际合作，有利于在全球竞争中促进国家利益最大化与确保国家能源安全（Hosman, 2009；余建华等，2011）。而经济全球化时代，对能源领域的权力争夺不仅发生在国家对资源的控制领域（Engdahl, 2004），也渗透于能源相关的资本、市场和关键技术等领域（Yang and Dong, 2016；Bridge, 2008；Bridge and Bradshaw, 2017；Dicken, 2007），并伴随价值链进行全球转移（Breul and Diez, 2018；Breul et al., 2019；Coe and Yeung, 2019）。

从能源要素的跨国界流动出发，本章将整合国际贸易理论、全球生产网络理论和产业组织理论，从理论上解析能源权力的逻辑和生成机理；并将关系网络的研究范式引入国际能源贸易研究，进而在能源资源的国际贸易网络中探究不同国家在国际能源贸易中的影响力，在典型区域的能源资产贸易网络中分析重点国家对能源资产的控制权变化，在新能源产业国际竞争态势演变中研究中国的主导权和竞争力变化。

第二节 相关研究进展与评述

自 20 世纪 70 年代以来，能源权力关系引起了地缘政治学、经济学、国际政治学、外交学、自然资源学以及经济地理学等诸多学科的广泛关注。概括起来，与本书密切相关的研究主要包括能源地缘政治、全球能源治理、国际能源贸易与国家能源安全等四方面内容。

一 能源地缘政治研究

能源分布和产消空间变化及其规律性总结是传统能源地缘政治研究的核心。其内核主要表现为对资源归属权的争夺与控制，油气资源地分布的不平衡性是能源权力产生的最直接原因。因此，资源的控制权是最原始也是最直接的能源权力，是能源经济地理学和世界地理学认识能源地缘政治博弈最直观的切入点。如何调节与优化权力配置格局，进而在能源地缘政治格局中谋求有利地位、实现利益最大化，是能源利益相关主体权力博弈竞合的主要目标。油气资源依然是当今世界最重要的战略资源，在能源供应领域中占据主导地位（IEA，2017；ExxonMobil，2018），2035年仍将占全球能源供应的77%（BP，2017），围绕能源地缘政治格局的研究从石油危机时代一直持续到今日。

能源地缘政治格局是能源利益相关主体从自身的利益出发，通过竞争、合作和谈判等方式，在能源的生产、交换、分配和消费等方面，在一定历史时期内相互制约而形成的相对稳定且均衡的空间状态（崔守军，2013）。石油危机以来，油气资源的分布、生产、消费、贸易与运输的基本格局变化加剧了能源争夺态势（余建华等，2011；王亚栋，2003）。从油气供需格局来看，在中东之外形成了北美、俄罗斯、中亚、中南美洲、非洲等油气生产中心；美国超越沙特阿拉伯和俄罗斯成为世界第一大油气生产国，逐渐实现"能源独立"并迅速增加油气出口，全球油气供给呈现扁平化、离散化的趋势。油气消费格局呈现多极分散的趋势，亚洲成为油气资源消费增长最快的区域（张宇燕、管清友，2007；杨宇，2013）。产消格局错位导致了贸易和运输格局变化，印度洋与西太平洋航线在油气资源运输中的地位有所提升，印度洋航线、马六甲海峡以及中国南海的博弈也日趋白热化（杜德斌等，2012）。伴随油气资源国的国有化运动，资源控制权逐渐回归国家石油公司（杨宇，2013）。美英等发达国家和国际石油公司等超国家行为体的能源权力从资源占有、生产控制逐渐转向技术、金融、投资和定价等方面的控制（孙溯源，2010）。这些重大变化都将对全球能源的权力体系和能源地缘政治格局产生深远的影响。

在早期地缘政治零和博弈思想的指导下，实力原则和利己主义在国家能源争夺战中被奉为圭臬，这种权力逻辑导致国际能源秩序长期以来处于混乱状态。石油危机时代，能源的权力属性主要表现为化石能源的有限性和空间不均衡性所产生的能源归属、加工、运输所构成的基本权力（管清友、何帆，2007；赛比耶-洛佩兹，2008），以此形成了能源地缘政治的早期博弈和权力争夺（Conant and Gold，1978）。海湾战争、伊拉克战争、中亚-里海地区的天然气管线争夺等都直接和间接地反映了油气权力的博弈（Klare，2002；Babali，2004；Yergin，2009；Engdahl，2012）。能源的主权与占有权、勘探与开发权、价格制定权等关系到一个国家的生存与发展，能源地缘政治是国家安全的重要考量（贝雷比，1980；徐建山，2012）。

20世纪80年代后期，世界能源供需市场基本平衡的状态变得脆弱起来，结构性失衡的矛盾日益突出，利益与矛盾相互交织导致世界能源格局不断加速调整（李卓，2005；赵宏图，2006）。世界油气资源生产格局进入了欧佩克与非欧佩克的对峙时代（杨宇，2013）。冷战结束后，环里海区域、北非和西非成为新的油气供应源，以中国、印度为代表的亚洲发展中国家成为世界油气资源消费的主力（唐旭等，2009）。全球石油贸易和油气资源流动转向东亚，印度洋、马六甲海峡和中国南海通道的权力争夺对国际关系格局的影响凸显（李兵等，2004；李岩、王礼茂，2008；杜德斌等，2012）。金融危机之后，页岩气技术和新能源技术的商业化，加快了美国"能源独立"的步伐，降低了欧洲对传统能源的依赖，世界能源格局从传统的"两极格局"转变为复杂交错的"多极格局"（徐小杰，1998；何一鸣、马丽娟，2006；王恒、廖勇，2010；郝丽莎、赵媛，2010；史丹，2013）。

二 全球能源治理研究

现代民族国家开发与利用能源的动力来自国内需求和国际竞合（于宏源，2017）。在国际社会中，主权国家对于国内市场与国际市场往往采取上述的"双重标准"来对待能源事务。在国内市场，主权国家趋向于采取经济学的制度自由主义倾向，通过反垄断来提升市场竞争程度与能源经济运行效率，进而提升国内相关福利。而对待国际竞争往往会在现实主义倾向下采取各类保护性措施，以保护本国作为出口国时的生产者剩余或作为进口国时的消费者剩余，从而尽可能多地获取贸易利得与提升国民总福利。然而，国家过度追求竞争力与权力，终究是一种"危险的迷恋"（Krugman，1994）。从制度层面对国际能源关系予以规制，开展制度层面的全球能源治理，是众多国家应该追求的共同理性目标。

全球能源治理的核心任务是各国政府和国际组织制定和实施一系列规则以防止能源相关问题扩散成为国际性危机，其目标在于利益相关各方实行集体行动，采取切实可行的能源政策（Goldthau and Jan，2010；Florini and Sovacool，2011；Lesage and Graaf，2016；许勤华，2016）。然而能源行为主体的利益诉求不同、矛盾错综复杂，深陷能源霸权与能源主权利益争夺之中，往往难以形成一致的治理方案（Sovacool and Valentine，2012）。因此，全球能源治理表现为一个目标多元、主体分散、结构多层、机制碎片化、领域交叉的治理网络（Cherp et al.，2011；赵庆寺，2016），且尚未形成综合性、权威性、有约束力的全球能源治理机制（Lesage and Graaf，2016）。在新旧能源转换之际，全球能源治理平台表现出的区域化和偏重消费的特点，导致全球能源治理实践显现出进展迟滞、参与主体有限、运行不畅等弊端（国际能源署，2016）。全球能源形势巨变和复杂错综的能源关系将引发全球能源治理秩序的重塑（Goldthau and Jan，2010）。针对全球能源治理存在的问题，学者们研究了全球能源治理的动因、结构、核心要素、面临的挑战以及改革趋势等（叶玉，2011；于宏源，2013；孙阳昭、蓝虹，2013）。在全球能源形势深刻变化的大趋势下，国际社会更应建立采取集体行动的应对机制（许勤华，2016）。全球能源治理模式应从传统的以国家为中心的治理结构向复杂的多层治理网络转变，在现有能源治理机制基础上，应尽可能吸纳新兴经济体和非国家主体的广泛参与（马妍，2016）。G20 有望发展成为全球能源治理的关键平台，但 G20 本身面临能源机制性缺陷、技术劣势以及外在因素的制约（邹志强，2015）。2017 年 6 月美国宣布退出《巴黎气候协定》，更是对全球能源治理体系提出了挑战（潘家华，2017）。

中国一直积极倡导参与全球能源治理并加入全球性国际能源组织以

及综合性、区域性国际组织的能源议题讨论（国家发改委能源研究所、英国帝国理工大学葛量洪研究所，2014；国际能源署，2016；许勤华，2017；赵勇强，2017），但中国在世界能源市场的话语权及在全球能源治理体系中的影响力与其经济、政治的影响力仍不相称（赵庆寺，2016；戚凯，2017）。为了明确中国在全球能源事务中的位置与提升话语权及影响力，我国曾出台一系列政策推动此事。例如，《推动共建丝绸之路经济带和21世纪海上丝绸之路的愿景与行动》明确"加强能源基础设施互联互通合作，共同维护输油、输气管道等运输通道安全……推进能源资源就地就近加工转化合作……促进沿线国家加强在新一代信息技术、生物、新能源、新材料等新兴产业领域的深入合作"是中国开展国际能源合作的重要议题；2015年5月，中国签署《国际能源宪章宣言》，同年11月成为国际能源署首批联盟国；2016年，全球能源治理成为中国担任G20轮值主席国期间的主要议题之一。然而，在不断演进的世界能源形势下，如何在错综复杂的能源权益网络中扩大全球能源合作中的影响力和话语权，将是中国深度参与全球能源治理面临的长期挑战。

三　国际能源贸易研究

能源供需的空间错位，必然导致能源的跨地域流动。关于能源流动与贸易的特征、过程、效应及其规律总结，是能源经济地理、资源科学与经济地理等多个学科共同关注的交叉领域。能源的战略属性与地缘属性决定了能源贸易不仅是经济行为，其空间的流动还与国际政治关系密切。生产与消费的分离使得油气二次分配过程中的贸易控制和通道控制对能源权力重构产生重要影响。贸易控制权与通道控制权影响和控制着全球能源的再分配，产生能源地缘政治的影响和战略牵制。"地点空间"上产生的权力通过国际能源贸易逐步向"流空间"的权力转变的研究，是经济全球化下能源权力研究的新命题。

在理论探索方面，以成升魁和沈镭等为代表的研究人员早期对资源流动进行了开创性的理论探讨（成升魁等，2005，2006；沈镭、刘晓洁，2006；成升魁、甄霖，2007）；依赖于经典物理学理论的拓展与模仿，谷树忠（1993）引入了资源势理论，董瑜和谢高地（2001）引入了资源场理论，赵媛等（2012）提出了源—汇复合系统等来解释国家、区域和省市等不同尺度的能源流动与贸易现象。

在新近的研究中，能源贸易研究由静态统计转向动态演化，网络逐渐成为能源贸易的重要研究视角和研究方法。借助复杂网络分析方法，能源贸易的新特性和拓扑特征得以被揭示（Serrano and Bogunấ，2003；Garlaschelli and Loffredo，2005；Fagiolo et al.，2010；Gao et al.，2013）。Yang 等（2015）通过复杂网络与空间分析相结合，发现世界石油贸易网络具有典型的"小世界"（small and flat worlds）的特征。地缘政治关系和外交关系是影响区域石油贸易的主要因素（Ji et al.，2014）。国际石油贸易网络整体容量不断扩大且国家间的贸易关系趋于紧密并逐渐形成稳定、有向和一体化的态势（安海忠等，2013；An et al.，2014）。地理距离相近的进口国倾向于选择类似的贸易伙伴（Kitamura and Managi，2017）。共同贸易伙伴是国际石油贸易的结构性联系动机之一，代表了贸易关系的可能性拓展（Guan et al.，2016）。国际石油贸易网络中社团的稳定性在演变过程中有两个转折点，分别是2004～2005年的伊拉克战争和2008年的国际金融危机（Zhong et al.，2014）。在短期尺度上，贸易量对国际石油贸易网络的稳定性具有重要作用（Sun et al.，2017）。欧洲、美国和中国在世界石油贸易网络中对其他国家的影响显著（Wang and Chen，2016；Du et al.，2017）。亚太地区在竞争格局演变中的作用日益突出，非OECD（经济合作与发展组织）国家已成为全球竞争强度增大的主要推动力（Zhang et al.，2014），中国在全球石油贸易中的控制能力不断提升（Zhong et al.，2014；Du et al.，2016）。

国际天然气贸易网络存在幂律性和群簇性，网络的异质化程度较高，局部表现出集聚性与核心-边缘结构（杨鑫等，2012；肖建忠等，2013）。LNG和管道天然气的进出口贸易网络均显示无标度分布，而液化天然气贸易网络中的国家与管道燃气交易网络的关联度更大，北美、欧洲和亚洲的市场尚未整合（Geng et al.，2014）。管道天然气贸易主要集中在欧亚大陆，其对战略通道具有路径依赖性和滞后性，区域资源禀赋是核心－边缘结构的主要成因（张宏等，2017）。"一带一路"倡议提出后，丝路沿线国家天然气贸易格局存在马太效应，俄罗斯、卡塔尔、新加坡和中国是天然气贸易的核心国（马远、徐俐俐，2017）；然而天然气贸易互动并不明显，且由于外部环境的稳定性较差，核心－边缘结构不断发生重组与变更（徐俐俐、马远，2017）。此外，也有学者对世界天然气竞争网络和模拟进行了研究（Chen et al.，2016；Feng et al.，2017）。

此外，学者们还针对新能源网络和综合能源网络进行了研究。Fu等（2017）以太阳能和水能的贸易网络为切入点研究了全球新能源网络的变化特征，认为新能源网络比油气资源贸易更为复杂。Yang等（2017）的研究表明，新能源贸易模式发生了变化，以中国为代表的发展中国家成为全球新能源贸易的核心。学者们还通过综合能源网络研究，发现天然气贸易网络相比煤炭、石油贸易网络具有更大的群落和稳定性（Gao et al.，2015），太阳能光伏贸易比化石能源贸易更为密集（Guan and An，2017）。在综合能源网络中，贸易社团和组织发挥着重要作用，亚太国家贸易社团具有不确定性（Zhong et al.，2017a）。

四 国家能源安全研究

无论是能源地缘政治、国际能源贸易还是全球能源治理的研究，归根结底是为了维护国家能源安全。但不同时代，针对不同的能源行为主体，人们对能源安全的认识不尽相同且随时代的进步而有所发展。从对能源安全认识的观念演进来看，传统能源安全观认为，能源生产国的安全是持续需求安全（Yergin，2006），能源消费国的安全是"以一种不中断经济进程的方式和合理价格水平满足需求"（Ladoucette，2002）。系统的能源安全观不仅是考虑能源供需的安全问题，而且是从政治、经济和军事等各个角度考察能源安全对区域的影响（Thomas and Ramberg，1990）。冷战之后，能源安全的内涵和外延不断丰富和拓展，包括环境挑战、日益增强的市场支配力量等诸多相互影响、相互制约的因素（杨宇，2013；周冉，2017）。聚焦中国，中国对能源安全的认识与国家的社会经济发展具有密不可分的联系。

改革开放以后，随着中国工业化和城镇化的快速发展，中国的能源需求旺盛，1993年成为石油净进口国，中国能源安全成为学者们关注的热点。保障能源供应是国家能源安全的基本目标所在（张雷，2001），保障石油数量和价格稳定是中国石油安全的核心（安维华，2001；吴巧生等，2003；杨东辉，2006）。随着中国市场经济的发展，能源安全问题的解决之道更复杂，国家、地区和国际组织的影响力和控制力是石油地缘政治格局的决定因素，需要市场、政策、外交与军事等一揽子应对策略（吴磊，2003；郎一环、王礼茂，2008）。20世纪90年代以来，世界能源安全格局发生了一系列变化（徐玲琳等，2017），中国面临的能源安全问题与战略目标随之转变（任重远、邵江华，2016）。

21世纪，中国面临的能源安全问题主要包括进口依赖度不断攀升、国内石油战略储备不足、外贸结构没有明显改善、运输通道过于单一、能源供给稳定性较差、主要能源进口国政治动荡频繁（王礼茂，2002；杜德斌等，2012；史丹，2013；杨宇等，2015；渠立权等，2017）。为此，学者们探讨了不同尺度下能源安全研究的理论与方法（刘立涛等，2012；胡志丁等，2014），研究了中国应对能源安全的对策（沈镭、薛静静，2011），提出中国能源安全问题的解决关键是通过多种渠道全力开拓国内外石油资源市场，以资源国际化为原则，实施"走出去"战略，建立国家战略石油储备制度，开展双边和多边合作等（吴磊，2013；杨宇、何则，2017），并对中国与中东、中亚、俄罗斯、非洲、中南美洲的能源外交和能源合作模式等进行了研究（毛汉英，2013；杨宇等，2015；赵庆寺，2015；刘建文、廖欣，2016；闫世刚、刘曙光，2014）。

从中长期来看，中国对油气资源的需求依然呈现持续增长的态势，油气对外依赖程度仍将不断升高。另外，中东地缘冲突、国际油价动荡、美国对伊朗进行"石油禁运"、天然气"亚洲溢价"等一系列国际能源事件对中国构成了实质性干扰甚至破坏，影响着中国的能源安全与经济社会稳定。因此，中国务必要积极倡导并主动参与全球性与国际性的能源组织以及综合性、区域性国际组织的能源议题讨论，在深度合作中逐渐提升对全球能源事务的影响力和话语权，通过全球能源治理改善中国能源的外部环境，从外到内确保国家能源安全。

五　研究评述

第一，从国家战略需求来看，能源安全是各国能源权力争夺的关键所在，是既有研究重点关注的内容。从地缘战略来看，相当长一段时间内，油气资源仍然是关系到一个国家的国计民生和国家安全的核心战略资源。以油气资源的占有和控制为核心的能源权力研究，依然是地缘政治的重要研究选题。而新近的复杂网络研究为能源贸易研究提供了新的方法工具。

第二，从既有研究来看，能源的空间分布、产消格局的空间错位是权力产生的基础，能源权力首先是在能源资源地理分布不平衡的基础上产生的。因而，一国通过对能源的占有、支配、分配和管理等来影响他国和其他行为主体的能力，并集中体现在能源博弈的过程与能源地缘政治中。而产消错位导致的国际能源贸易是国际能源权力从"地点空间"向"流空间"转换的基础。从制度层面对国家之间能源权力的争夺予以规制，即全球能源治理，是众多国家应该追求的共同理性目标。

第三，既有的能源地缘政治、国际能源贸易、全球能源治理和国家能源安全对油气资源控制权之外的能源权力的研究较少。全球能源形势不断发生深刻改变，能源权力不断被重新建构，不再以化石能源的占有权和生产权所产生的"油权"为唯一核心，而是拓展到了多维能源权力。在全球化时代，民族国家、国际组织、国际石油公司等能源行为主体交织形成的复杂网络，赋予了权力在"流空间"中更广泛的影响力；而《京都议定书》《巴黎协定》等气候变化下的"共同而有区别"的全球能源治理体系，未尝不是新时代下的治理规则与新的发展权力。因此，能源权力不仅表现为国家之间的能源竞争与合作关系，而且表现为多种利益行为主体共同参与、交织形成的复杂系统与网络化的权力。

第四，后续研究要注重在已有能源地缘政治研究的基础上，加强对新时代能源安全与能源权力理论的研究，探讨新因素影响下的国际能源权力的产生与演变、地理空间与权力的相互依赖关系、国际能源秩序的重构及其效应等方面的研究，以科学认知和研判世界能源权力演化的基本规律。同时，尽管能源权力研究是带有战略性的宏观议题，但非常有必要注重在研究策略上进行尺度下沉，从全球宏观研究下沉到区域、国家尺度的精细化研究，以提升战略应对的针对性。

第三章 能源网络与能源权力

在经济全球化时代，能源商品、资本、技术和服务实现了跨国界流动。以能源经济活动为基础，伴随生产与消费的分离、技术与服务的分离、所有权与支配权的分离，能源相关要素流动形成了一个主体众多、要素纷杂、体系交叉、利益交织的复杂权益关联网络。原来局限于"地点空间"的能源权力逐渐被以跨国界的贸易、投资和组织关系为代表的"流空间"中的网络权力所取代（Gao et al., 2019）。因此，能源权力研究的视野也需要从"地点空间"的分布规律转向网络探索模式。采取关系网络范式来观察国际能源体系，迫使我们必须回答三个关键问题，即物质流与非物质流实现能源－经济－地理活动联系的过程、网络被链接起来的不同方式以及控制和协调网络的权力关系（Dicken, 2007）。为此，本章将从权力的概念及内涵分析入手，归纳能源地缘政治和产业经济视角下的能源权力的概念、内涵及其产生机制与影响因素，并给出基于网络的能源权力研究的多要素与多尺度研究框架，并作为本书内容组织与章节安排的依据。

第一节 能源权力产生的地缘政治逻辑

一 权力的概念及内涵

权力是一个主体影响另外一个主体并控制其行为的能力或潜力（French et al., 1959; Turner, 2005）。"power"一词源自拉丁文的 potestas 或 potenia，原意指能力。作为一种客观且广泛的社会存在，权力一直是政治学、社会学、法学和组织行为学等学科的核心研究对象之一。英国哲学家罗伯特·罗素在其不朽著作《权力论》中对权力进行了严谨的概念界定。罗素认为，权力是一个主体对其他主体产生预期效果的能力（Russell，2004）。社会学鼻祖马克斯·韦伯（Weber，2013）认为，权力意味着在一定社会关系里，一个主体哪怕是遇到反对也能贯彻自己意志的任何机会，不管这种机会是建立在什么基础之上。韦伯之后，帕森斯指出权力不仅仅来自权力主体自身的属性，还是一种相互作用、相互联系的系统资源（Mann，2012）。

在国际政治研究中，古典现实主义学派代表人物爱德华·卡尔和汉斯·摩根索认为，权力是国家做出行为选择的根本目的，国际政治就是追求权力的斗争；20世纪70年代，肯尼迪·沃尔兹对此做出了重要修正，认为权力只是国家行为选择的手段，而生存才是国家的根本目的。即便如此，沃尔兹从不否认权力的核心地位，现实主义的几代学者都遵循着这一原则。国际政治经济学开拓者罗伯特·吉尔平认为，权力的依据是国家军事、经济以及工业能力，根据所应用领域的不同而不同。立足于国际政治领域，苏珊·斯特兰奇提出了"联系性权力"和"结构性权力"的区别。所谓的联系性权力就是运用军事政治的强制手段迫使别国就范；而结构性权力则是指通过国际组织的建立和完善，以相对确定议事的日程和支配国际政治经济关系的惯例、规则和国际机制。此外，斯特兰奇用四个基本结构和次级结构，从国家和市场层面综合分析了纷繁复杂的国际政治经济现象，她所言的四个基本结构分别为安全、生产、金融和知识，四个次级结构分别为运输、贸易、能源和福利。

综合来看，权力既源于主体属性和正式权威，也源于纵向的劳动分工（Ibarra，1993）。"权力是各种力量关系的集合"，是"关系、网络、场"（Foucault，2019）。权力具有能力与关系的二象性，可以概括地理解为"影响力"（Richard，1962）与"控制力"（Emerson，1962）。第一，作为能力的权力，是行为主体动用资源实现目标或维护自身利益的一种力量，这种力量来源于对资源的占有与配置能力（Ireland and Webb，2007），权力的不平等首先缘于拥有资源（物质或非物质）的不平等（Giddens，1979）。第二，作为关系的权力，不仅具有方向性，更是双向互动的,从而产生了依赖关系和支配关系(Castells,2010),而在不同条件下主客定位在权力关系双方之间是有可能实现相互转换的。第三,权力体系的运行离不开一定的时空尺度、背景与目标(Weller,2009)。

二 从石油权力到能源权力:地缘政治学的解释

纵观工业化时代的世界历史,对资源的争夺、开发、利用和占有一直是国际体系变迁的主要脉络(潜旭明,2013;于宏源,2017)。资源性权力产生的根源主要有三种:常识性的政治意识形态、基于特定形式领土的地理实体,以及政治体制和文化想象(Huber,2019)。而现代能源地缘政治学认为,对世界能源(尤其是油气资源)的占有和控制,同样是国际政治的一种重要的权力。地缘政治视角下,能源权力的产生经历了战略资源争夺及其权力衍生的现实归纳、从地缘政治权力到石油权力的学理类比以及从石油权力到能源权力体系的范围递推三个逻辑过程。

(一) 现实归纳:战略资源争夺及其权力衍生

对能源的占有、争夺、控制被视为一种权力,首先源于学界对稀缺性与战略性资源的国际争夺的现实归纳。从国际政治的现实进行观察,产油国从20世纪70年代开始把石油当作政治工具和"武器",比如,1973年阿拉伯石油生产国对美国和一些欧洲国家实施"石油禁运",2018年美国对伊朗进行"石油禁运",2020年沙特阿拉伯与俄罗斯关于石油减产协议谈判的破裂。这些重大能源事件不仅影响了世界能源体系及其运行秩序,而且也对国际政治与经济格局的演变产生了重大影响。对稀缺性与战略性资源的争夺并不是一种新现象,历史上对稀缺性与战略性资源的争夺也往往是冲突或战争的起因(黑恩贝克,1976)。在现实主义与地缘政治零和博弈理论的驱动下,利己主义原则在国际能源争夺中被奉为金科玉律,导致国际秩序长期混乱。这种争夺在油气资源领域的表现尤甚。从历史来看,自从1859年宾夕法尼亚州的石油商业开采以来,围绕石油资源和运输通道的控制及其所引发的国家间的竞争惨剧就从未停歇，在此基础上形成了早期的能源地缘政治博弈和权力斗争（Conant and Gold，1978）。正是由于能源的稀缺性和分布的不均衡性，其地缘政治属性更为突出，对全球政治和经济产生了重大影响（余建华等，2011）。当然，海湾战争、伊拉克战争和中亚－里海地区天然气管道的竞争等许多案例，都反映了能源争夺中的权力博弈（Klare，2002；Babali，2004；Yergin，2009；Engdahl，2012）。

（二）学理类比：从地缘政治权力到石油权力

二战以前，受强烈的民族主义与国家扩张主义影响，古典地缘政治具有打造海外帝国的强烈倾向。在这种倾向的作用下，拉采尔的"国家有机体论"、马汉的"海权论"、麦金德的"陆权论"、豪斯霍弗尔的"生存空间论"和斯皮克曼的"边缘地带论"等相继提出并产生了较大影响。全球人口的持续增长和工业化带来的环境问题，特别是资源稀缺和环境安全问题已严重威胁人类的可持续发展，由资源环境问题导致的地缘政治冲突逐渐受到重视。

此后，从地缘政治学视角对石油议题开展研究的学术著作逐渐增多，诸如，菲利普·赛比耶－洛佩兹的《石油地缘政治》、斯·日兹宁的《国际能源政治与外交》、托伊·法罗拉的《国际石油政治》、庞昌伟的《国际石油政治学》等。其中，《石油地缘政治》不仅对石油的生产消费、金融市场进行了宏观探讨，对石油产区的状况进行了系统梳理，更强调了石油运输通道控制的战略价值。随后，徐建山（2012）提出，随着经济全球化进程的持续快速推进，地缘政治的地缘要素概念从传统的陆、海、空等现实空间扩展到经济和信息等虚拟空间，而国家间权力争夺除了对现实空间的占有之外也转向对战略资源的控制。基于此，由于石油在地缘政治争夺中的特殊地位，"油权"就可以比照传统地缘政治的"陆权"、"海权"和"空权"等成为能源地缘政治的核心。孔斌（2014）在分析石油属性的基础上完善了"油权"的内涵，并将其作为能源地缘政治的全新视角对争夺石油控制权及其对国际政治格局的重要影响做了进一步阐述。王能全（2018）则从国际油气市场的发展历程和特征出发，将石油、天然气相关的能源权力归纳为两个层面的话语权：第一个层面是初级话语权，即进行进出口交易时在价格上能得到公平对待的权力，一国掌握了初级话语权就可以保护自身利益；第二个层面是高级话语权，即拥有国际油气市场规则的制定权或制定的参与权，其货币能作为国际油气市场的标价和结算货币，并能够影响国际市场运营，拥有高级话语权的前提是国家要具有强大的综合实力且被市场参与者广泛接受。

在学术著作之外，还出现了大量的流行性著作，包括丹尼尔·耶金的《石油·金钱·权力》和《石油大博弈》、威廉·恩道尔的《石油战争》和《石油大棋局》、安迪·斯特恩的《石油阴谋》、莱昂纳尔多·毛杰里的《石油！石油！》、伊科诺米迪斯的《石油的颜色》、迈克尔·克莱尔的《石油政治学》、黑木亮的《石油战》、崔守军的《能源大冲突》与《能源大外交》等。其中，《石油大博弈》对20世纪围绕石油控制权争夺的历史进行了全景式梳理，阐述了石油对20世纪人类历史的影响。恩道尔在《石油战争》中则直接将视角放在了大国地缘政治竞争背后的石油因素上，比较深入地探讨了石油与国际金融之间的密切联系。他提出的"如果你控制了石油，你就控制住了所有国家。如果你控制了粮食，你就控制住了所有的人。如果你控制了货币，你就控制住了整个世界"著名论断的影响更是贯穿多个领域。

（三）范围递推：从石油权力到能源权力体系

伴随气候变化与能源转型进程，人类学、政治学、社会学和地理学等共同将注意力重新聚焦资源化权力的大讨论之中，并逐渐凝练出"能源权力"这一新概念。Boyer（2014）从人类学视角首次提出了"energopower"的概念，并将其定义为人类对电力和燃煤利用的能力与控制，其源于福柯所言的人类的"biopower"。Harrison（2016）借鉴了"energopower"概念，研究了电力网络与北卡罗来纳州种族化和非民主政治统治的再生产之间的关系。许勤华（2017）立足能源外交政策与中国实践，提出在低油价的"大能源"时代，全球范围内建立在传统能源生产格局基础上的能源权力正在被重新建构，不再以化石能源的占有权和生产权所产生的"油权"为唯一核心，而是拓展到了能源供应权、能源需求权、能源技术权、能源金融权、能源碳权及其所引发的发展权等多维能权。Burke和Stephens（2018）受到能源民主运动的启发，概念性地综述了传统能源与可再生能源的政治权力，并批判性地探讨了能源权力的集中或分散情况。Brisbois（2019）注意到随着全球可再生能源市场份额的逐渐增加，传统电力供给者的权力正在受到挑战，其受到去中心化的可再生能源多方面的影响，包括就业、经济增长和能源供应等。杨宇和何则（2020）从经济全球化视角出发，在对经济要素全球流动的推广性分析中，得出能源权力正在被建构并且形成了由资源控制权、技术控制权、贸易控制权和市场控制权组成的地缘能权。围绕能源权力及能源权力体系重构，国家应该尽快适应这种权力体系重构对国际政治格局产生影响的过程与效应，并科学地研判与制定国家能源战略与政策，以保障国家能源权益与能源安全（杨宇、何则，2020）。

综上，能源权力可以概括地理解为，能源主体通过参与国际能源事务，以各种正式或非正式途径维护自身利益，并对其他主体产生影响的能力。这种能力既体现为一种硬实力，即国家在国际能源事务中的竞争力与直接控制能力，还是一种软实力，即一国在能源组织中的话语权和影响力。追溯能源权力概念诞生的理论渊源不难发现，尽管这一概念是近期才被明确提出的，但相关研究与类似观点其实一直流淌于能源地缘政治研究的潮流中，并形成了两个不同的分支。其中，一部分学者认为，国家利用能源权力实现政治目标的重点是关注和强调这种权力的来源及其政治作用（Wittfogel，1957；Ebinger and Zambetakis，2009；崔守军，2012，2013；Akhter，2015）；另一部分学者更重视国家在能源本身的勘探、开采、贸易等过程中的控制与反控制（杨中强，2006；于宏源，2008，2018；潜旭明，2013）。

第二节　产业经济视角下能源权力生成的微观机理

地缘政治视角的能源权力研究，重点关注的是能源相关的国家主体及其国际关系变化。但单一从地缘政治视角解析能源权力，客观上会削弱其对国际能源市场现实问题的解释力与预测能力，导致其不能针对能源务实合作提出更具执行力的针对性策略（张国宝，2018）。正如Bridge（2015）指出的那样，资源占有与控制是一个复杂生态系统，然而我们常常将其与对"国家"的想象联合在一起，并将资源性权力局限于领土范围内进行解读，这是不完善的。从产业经济和经济地理视角对能源经济活动及国际能源关系进行补充性解析，不仅是对能源地缘政治学视角下能源权力研究的补充与完善，也可以将地缘政治相关的冰冷、零和的价值立场变换为一种更加温和、包容的价值立场（刘卫东等，2017；熊琛然等，2020）。事实上，在全球化时代，对能源的占有和控制已不局限于地域空间，且能源的商品和资产等属性的重要性将逐渐超过地缘政治属性，因而我们必须贯穿国家和地域，尝试给出更多有关能源权力的细节性补充解析。在借鉴国际贸易理论、全球生产网络理论、产业组织理论和复杂网络理论后，在国家主体分析的基础上，本书纳入了企业、产业、市场等新要素，在中微观视角上补充阐释能源权力产生的市场机制，具体地，可以从需求侧、供给侧、主体行为、能源市场等角度进行解释（见图3-1）。需要说明的是，这是对地缘政治能源权力研究的重要补充，但并不否认能源地缘政治视角中的能源权力及其应用。

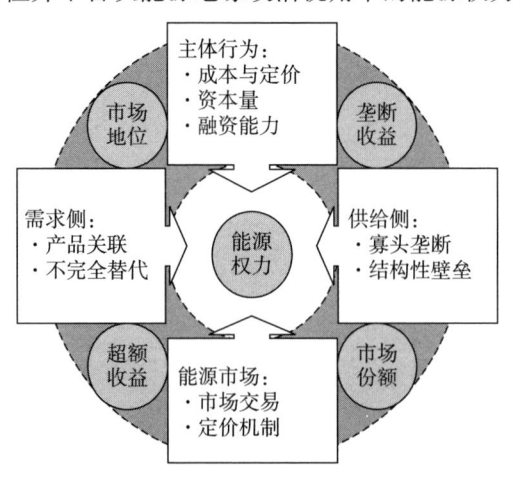

图3-1 能源权力生成的微观机理

一 需求侧：产品关联与不完全替代

从需求侧来看，多种多样的能源产品尽管具有共同的资源属性，但不同能源产品之间存在不完全替代特征。石油作为目前最重要的能源产品，被誉为"工业的血液"。从商品属性来看，石油不仅是普通的商品，更由于其与各类工业产品具有非常高的前向与后向投入产出关联系数，诸多石油产品在各类商品中具有基础性作用，因而其具备了战略属性，成为战略性资源。从功能来看，石油不仅是燃料，也是原料。作为燃料的石油产品，被其他能源替代的可能性逐渐显现；然而，作为原料的石油产品，其替代具有不完全特征。据IEA模拟预估，到2040年，世界油气需求仍将占世界能源需求的一半以上。因此在可预期的时间段内，油气产品仍将是战略产品。正是由于石油产品的战略属性，以及当前及未来一段时间内石油仍将处于能源需求与消费的核心，所以其受到能源需求国尤其是东亚与东南亚国家的广泛关注（何则等，2019）。因此，由石油争夺所产生的国际纠纷与地区矛盾，便直接与间接地影响了国际关系，进而使其具备了地缘政治属性。具备地缘政治属性的石油，正是产生石油权力的重要前提及基础所在。此外，由于石油产品的空间依附特征与高损特性，海运是最为廉价和可靠的运输方式，部分可通过管道运输，这就造成了运力条件、航线控制、战略通道威慑以及管线过境等也是影响石油权力及其配置的重要因素。

二 供给侧：寡头垄断与结构性壁垒

网络中的排除（exclusion）或分离（separation）机制是权力形成的另一条件（Corra，2005）。从供给侧看，能源供给涉及能源生产相关的大企业组成的寡头垄断市场结构特征及其导致的结构性进入壁垒。第一，从油气资源及油气产品角度分析，由于石油、天然气等化石能源具有显著的空间依附性与大洲分布差异，其资源的获得本身就具有地域垄断基础。第二，产品特征与国家行为也是形成进入壁垒的重要原因。由于石油产品的差别化较小，近似于"标准化"产品，这就导致新进入企业通过产品差别化等策略性行为进行改进的可能性大大降低。第三，从产业链的角度分析，油气资源的开采、加工、运输与配给等行业多属于资本密集型与技术密集型行业，新进入企业想要进入这些行业，就必须具备高额资本与复杂工艺组织能力，较高的行业进入门槛形成了新的结构性壁垒。第四，产油国为了获得稳定的石油财政收入，也会采用必要的行政性行为与法律行为，对油气行业进行必要的管制与干扰。这就增加了企业与政府的沟通成本，增加了其相对于自由竞争市场的运营成本，甚至会要求企业必须具备必要的谈判能力，这些政府管制行为进一步拔高了新企业的进入壁垒。第五，跨国石油巨头向国外扩张的背后，始终存在其母国的支持。各国政府和国家领导人认为本国公司的对外扩张是为国家利益服务。因此，尽管政府会在国内对大石油公司予以反垄断监管，但在国外却实施保护性措施。20世纪70年代之前，美国跨国公司一直控制着非社会主义国家的石油获得渠道，确保了"美国优先"。

三 在位与新进入主体策略性行为

能源权力不仅来源于寡头竞争的市场结构及其结构性壁垒，也来自在位国际大石油公司对潜在新进入企业的阻拦及其所形成的策略性行为。贯穿整个20世纪，全球石化产业主要被欧美等国的国际大石油公司控制，并且它们还阻拦新企业的进入。第一，由于在位企业规模经济产生的成本优势，尤其是在油气开采行业使用了大型高效的专用设备，提升了采集效率，所以其可以以低成本策略遏制新进入企业的生存空间并排斥其进一步发展，甚至可以排挤其他在位企业。第二，在位能源企业可以利用定价优势获得垄断收益。在位企业既可以利用信息不对称优势与竞争合谋，抬高能源产地的供给价格，也可以通过掠夺性定价向潜在进入者显示自己的低成本与低价格，向新进入企业表明进入的无利可图或进入后亏损的高概率，进而击退竞争对手，以获得垄断收益。第三，必要的资本量是新企业进入油气市场时必须跨过的门槛，而油气行业的高资本密集度，使得融资往往是必要的企业行为。然而，相对于在位企业，新进入企业在融资方面并不具备优势。一方面，在位企业经营多年，一般具有良好的信誉与稳固的市场地位，有利于降低融资门槛；在位企业具备较强的资产与信息获取能力，其融资渠道更为畅通；在位企业具有较高的财务管理与运营能力，融资成本也会更低。另一方面，银行和金融机构也更加愿意将资金借贷给具有较高偿债能力、可进行必要资产抵押的国际大石油公司与国家石油公司，因为这些在位公司产生坏账的风险更小。第四，一旦寡头垄断格局形成，在位国际大石油公司便会利用这种先发优势，采用生产成本、价格、技术成熟、规模经济等优势，持续巩固资源占有与扩大优势，并向产业链的上下游进行一体化获利，进而形成产业链垄断，即在整个产业链与产品网络上形成多方面的壁垒效应，这种壁垒效应也集中地体现为能源企业在产业内的能源权力。

四 国际能源市场交易与定价机制

国际能源市场是供给方与需求方共同完成全球能源配置的场所。价格是调节国际能源市场的最重要手段，定价权往往被认为是能源权力的核心。在石油市场的早期，石油巨头与OPEC国家曾以标价、官价和一揽子参考价格等多种手段，先后掌握了价格控制权，但总体而言，单一主体对国际油价的控制能力在减弱。自20世纪80年代以来，随着国际市场金融化程度的不断提升，国际石油市场已在相当程度上演变成市场定价机制。目前，国际石油市场是指以西北欧、美国东海岸和远东新加坡为主的现货市场，以及由美国纽约商业交易所、英国伦敦国际石油交易所和迪拜商品交易所构成的三大期货交易市场。由于短期不具备生产弹性的石油成为国际金融炒家的投机对象，不仅有大量的中间商囤积石油以获取超额利润，银行、基金等金融机构也成为国际石油金融市场的重要参与方（如美国纽约商业交易所的原油期货交易量远超现货交易量，但实际交付量有限），多元主体的共同参与实际上形成与完善了国际石油市场的价值发现功能。布伦特原油、美国西得克萨斯中质原油和迪拜/阿曼原油期货价格成了现货贸易的基准价格，现货价格通常是在期货价格的基础上综合考虑油种差异、加工收益、市场流动性以及交易计价期等因素后加减贴水形成的。与石油市场相比，天然气市场的区域分化特征更为明显，美国、欧洲和日本是世界三大主要天然气市场。在交易方式方面，天然气长期合同虽然仍是主要交易方式，但现货的比例越来越大。在价格方面，美国亨利中心、德国等欧洲进口液化天然气价格、日本与燃油挂钩的进口液化天然气价格是主要价格标杆。从支付手段来看，美元是石油和天然气最主要的计价和结算货币，因而美元汇率波动对国际油气市场交易不可避免会产生与其他大宗商品一样的影响。但总体而言，国际能源市场可以视为一个全球化的、近乎完全竞争的高效市场，没有任何一个国家或能源主体可以完全左右国际能源价格。国际能源市场经营的一个共同目标，是保持市场的稳定性。

第三节 影响能源权力运行的关键驱动因素

能源经济权力是一种与能源经济活动及其市场组织相关的经济性权力。进一步分析可以发现，能源权力并非静态不变的，而是在不同的时代具有鲜明的特征。本节主要从主体能源、能源主体、表现形式、运行方式与目标等五个方面解析与归纳了影响能源权力重构的关键因素。概括来看，这些因素可以归结为重大技术变革带来的创新性因素、多种能源主体市场组织与博弈的策略性行为、能源耦合经济发展所引发的市场需求的全球性转移，以及从资源控制到话语权目标转向的制度性因素。

一 技术创新：重大技术进步带来的颠覆性变革

回溯世界能源结构及其主体能源演变过程（见图3-2），可以发现技术创新驱动世界能源利用已经经历了两次转型，分别是木柴向煤炭转换（19世纪末以前）以及煤炭向油气转换（19世纪末至20世纪中期），且目前正在经历由油气向新能源的第三次转型（20世纪中期以来）（邹才能等，2020）。每一次的转型由于主体能源的地位转变，与能源利用相关的产业结构、企业组成与市场结构及其关联因素均随之发生演替，因而能源权力核心国家与企业等的地位和权力势必发生转变。

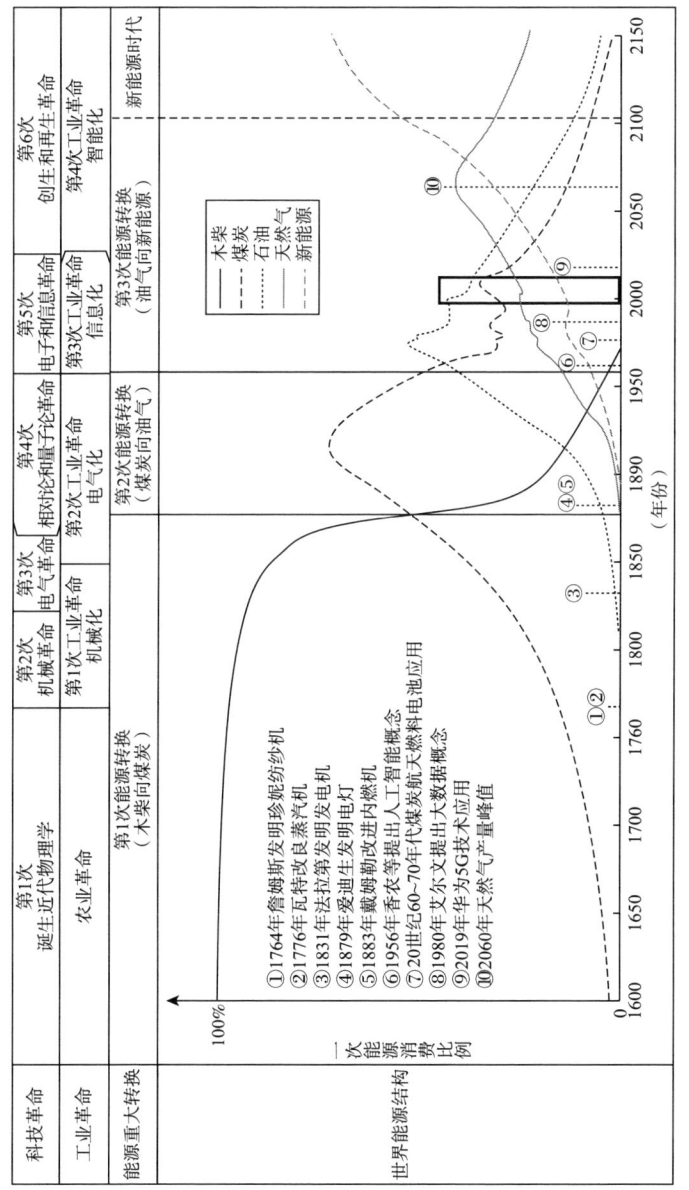

图 3-2 工业革命、科技革命与世界能源结构转型

①1764年詹姆斯发明珍妮纺纱机
②1776年瓦特改良蒸汽机
③1831年法拉第发明发电机
④1879年爱迪生发明电灯
⑤1883年戴姆勒改进内燃机
⑥1956年香农等提出人工智能概念
⑦20世纪60~70年代提出煤炭航天燃料电池应用
⑧1980年艾尔文提出大数据应用
⑨2019年华为5G技术应用
⑩2060年天然气产量峰值

资料来源：邹才能等（2020）。

在木柴时代，柴薪广泛分布于自然界，所需、所取主要受人力和生境影响，其权力呈现极为分散的结构特征。在煤炭时代开始时，英国作为欧洲煤炭资源最丰富的国家之一，对煤炭的开发与利用本身具有优势。1800年前后，英国煤炭产量占全球的比重一度大于世界上其他所有国家的总和，而为采掘煤矿发明的蒸汽机技术使英国率先开始工业革命，并一跃成为当时世界唯一的霸主国。19世纪末，美国人在北美大陆发现了石油并开启了油气时代，1860年美国的石油产量能够占到总产量的98.4%。在1860～1960年的100年里，正是因为美国开发并垄断了多数与石油有关的技术（包括钻井、采油、储运及炼制等），其石油产量长期处于全球领先位置，并一直是石油工业主导者（裴广强，2017）。直到1973年第一次石油危机之后，以石油权力为主的能源权力才开始流散，逐渐形成了以美国、俄罗斯和中东为主的"供给三角"，以东亚、北美和欧洲为主的"需求三角"。近年来，由于页岩油开采技术的成功应用，美国从油气进口国再次蜕变为油气出口国，能源贸易再次成为其"大棒"外交手段，美国在中美贸易协定中占据了重要位置。

二 市场需求：能源耦合经济发展引发的全球性转移

能源是经济社会运行的动力，是全球经济重要的生产要素与世界贸易中最主要的商品。由于世界经济生产总值与能源消耗总量高度相关（见图3-3），1980～2018年二者的相关系数高达0.997（魏一鸣等，2020）。伴随世界经济发展重心的转移，能源消费重心也随之转移。而在特定时代，能源也是全球经济活动与国际分工之间的特定历史关系的函数（Bridge，2008）。在煤炭时代，由于英国率先进入工业社会并成为世界的经济中心，所以英国既是全球最大的生产者和供给者，也是全球最大的能源消费者。在世界霸权和经济中心转移到美国之后，世界能源消费中心随之转移。20世纪70年代以来，伴随日本、中国和韩国等国经济的快速发展，世界能源消费的东亚转移现象越发明显。在后油气时代，根据《全球可再生能源展望》，到2050年，东南亚、拉丁美洲、欧盟和撒哈拉以南非洲地区的可再生能源将在其总能源结构中的占比达到70%～80%。空间上，世界各地都将推进供暖和交通等终端应用的电气化，东亚、北美和欧洲大部分地区电气化比例将超过50%。可以预见，由于非常规能源与可再生能源的地理分布远比油气资源分散，以可再生能源为主体能源的时代，世界能源权力将变得更加多元化、分散化与地方化。

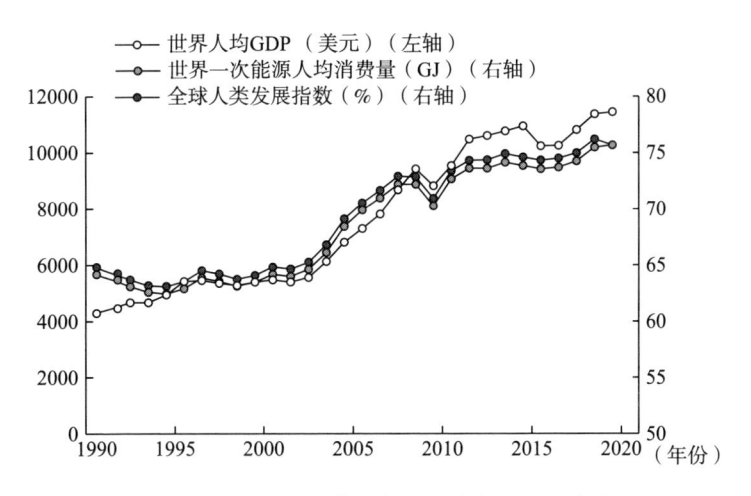

图 3-3 世界能源消费趋势与经济发展之间的关系

资料来源：邹才能等（2021）。

三 主体行为：能源产业链配置策略与市场博弈

在国际能源体系中，在位企业与新进入企业、东道国和母国等各种能源主体的竞争、合作、博弈、对冲以及妥协等行为是策略性能源权力的主要来源。从获得权力的目标看，参与国际能源体系的不同主体可以通过多种策略性行为改善市场环境，进而获得更加有利的市场地位。由于策略性能源权力产生于能源生产运营的过程中，加之其主体众多，所以其有多种权力表现形式与扩权方式。第一，可以通过产品扩散策略影响未来的能源生产成本并进行空间上的率先占领来进行扩权。例如，以中国为代表的发展中国家通过廉价的劳动力与组织优势，通过"干中学"快速实现了新能源产品迭代，并以低成本优势实现了全球市场的扩张。第二，通过锁定上下游企业和用户，提高转换成本，影响在位和潜在进入主体的信念以实现扩权。例如，电力、新能源汽车与储能企业可通过构建战略联盟打破上下游合作瓶颈，并签订排他性契约等进行独家交易。第三，通过影响预期需求结构实现扩权。智能电网等先进能源技术的推广利用，必将对社会期望和消费者的选择产生深远的影响（Kroon et al.，2013），进而影响能源利益的国际分配。第四，通过影响生产与消费的组织形式及其在用户端的空间配置发挥作用。离网太阳能和分布式可再生能源系统的大规模部署，正在将城市地区从能源消耗空间转变为能源生产空间，而能源生产、分配和使用的动态相互作用均在本地同时发生的情况下，能源权力的作用更加本地化与泛化。

四 政策规制：从资源控制到话语权的目标转向

国际能源制度是能源主体参与全球治理、提升国际地位的主要工具和重要平台，因而制度性权力本质上是对能源规范、制度与规则的争夺，因此制度性权力也可以理解为话语权。从能源主体来看，油气时代，国家是全球能源治理中最重要的影响力量和私人利益的行动代表；而全球气候变化的后油气时代，国际能源体系内外的多种力量将倒逼能源治理体系重塑与权力重构（见图3-4）。国际能源争夺的目标不再局限于资源占有、通道控制与市场支配，而是形成了在国家主体之上由跨国家主体、超国家主体以及次国家主体共同作用的新的治理结构，众多主体具有相互交叉与相互依存关系。在能源转型的过程中，不同主体致力于通过推进积极的"建制"与"改制"进程以谋求制度性权力的重新配置与权力核心的国际转移，最终目标是形成国际能源的新秩序。从权力表现形式来看，话语权产生于国际能源机构及其成员单位之间的运行组织机制，主要表现为国家之间缔结国际条约、签订双边或者多边能源合作文件、参加或者建立国际能源机构、协调能源政策和能源标准、协商解决重大问题以及实施联合规划、联合开发、人员交流和信息交流机制等。例如，OPEC、IEA、BP、ExxonMobil和中国石油等机构和企业每年均会向社会发布能源展望、技术预测以及行情分析等信息共享与行业交流报告。仔细对比这些不同的机构所发布的预测报告并将其模型进行拆分后就会发现，其预测报告的出发点或多或少都是维护行业或机构利益，均阐释了其制度性权力行为（Zalik，2010）。从制度性权力形成的前提来看，承认能源的商品本质特征以及促进其回归市场属性是必要条件。而从权力运行方式来看，制度性能源权力事实上是一种缔结于全球能源产品网络及各种正式与非正式网络中的权力，其作用途径主要依赖以国家和部门利益为界形成的组织网络进行传递。

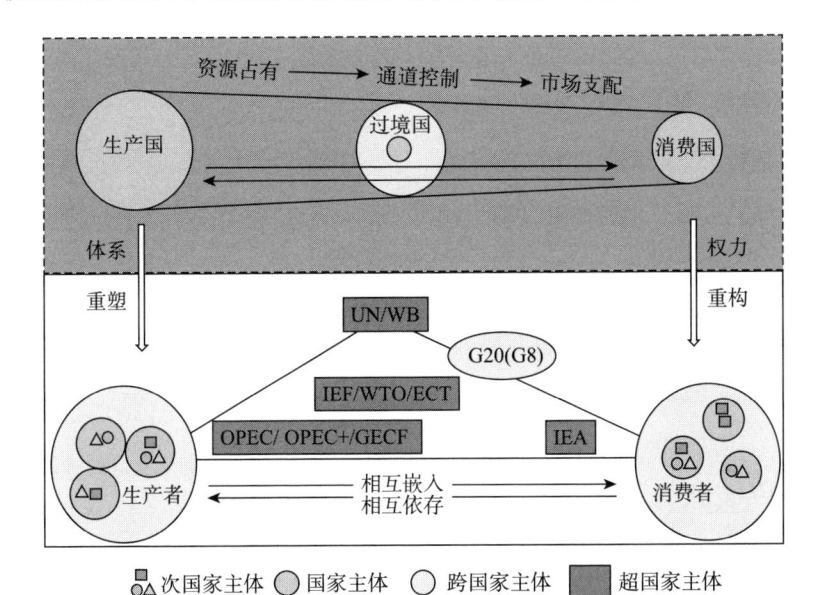

图 3-4　国际能源体系重塑与权力重构

第四节　基于多要素与多尺度网络的能源权力研究重点

一　资源贸易层面：能源贸易网络结构特征及其演化机理研究

煤炭、石油和天然气等能源资源是提供人类生产生活必备动力与原料的产品。能源资源的储藏、分布、生产与消费的空间错位，必然导致能源的跨地域空间流动。关于能源流动的特征、过程、效应及其规律总结，是能源经济地理、资源科学与经济地理等多个学科共同关注的交叉领域，但也因此导致相关研究的系统性不足（王宜强等，2014）。在理论探索方面，以成升魁和沈镭等为代表的研究人员早期对资源流动进行了开创性的理论探讨（成升魁等，2005，2006；沈镭、刘晓洁，2006；成升魁、甄霖，2007）；后续研究则主要依赖经典物理学理论的拓展与模仿，如谷树忠（1993）对资源势理论的引入，董瑜和谢高地（2001）对资源场理论的引入，赵媛等（2012）提出源—汇复合系统等。然而，引入经典物理理论探究能源流动规律，欠缺对具体的经济活动组织的考虑，导致其对能源流动机制的阐释与社会发展的现实需求存在一定的落差。上述研究在尺度上也主要局限于国内或省域范围内（赵媛、郝丽莎，2006；赵媛、于鹏，2007），对于多尺度与跨尺度的能源流动的规律欠缺挖掘。在能源流动类型上，主要是煤炭和油气等一次能源，对于新能源的流动规律几乎毫无涉及（赵冰、王诺，2010）。所以，如何认识不同品类能源的贸易格局在不同尺度上呈现出的变化特征，总结能源演替过程、多尺度能源流动规律等，并深化其对国际能源权力产生影响的过程与路径，尚需要进行更多的基础性对比研究与规律总结。

新近的一些研究在运用新的理论解释多尺度国际贸易方面，从嵌入性、邻近性与异质性等角度对企业国际合作与跨国组织进行观察，为这一研究提供了新思路（贺灿飞等，2019）。嵌入性是全球生产网络理论的核心概念，指跨国企业的生产经营并不是独立存在的，而是需要嵌入东道国的社会文化氛围中。邻近性是将空间邻近拓展到认知、组织、制度等多个维度之后，用于解析区域产业解锁和产业发展路径的策略选择（Boschma，2005；Boschma et al.，2016）。异质性企业决策行为是新新贸易理论关注的重点，为新新贸易理论的应用研究提供了越来越贴近能源贸易实务的检验思路。将全球生产网络的嵌入性、演化经济地理的邻近性与新新贸易理论的异质性三者结合，可以构建能源经济地理的多尺度、多要素与跨主体的统一解释框架，有望推进国际能源贸易网络结构演化机理的研究。

二 资产交易层面：能源资产贸易网络的组织模式与机制研究

自20世纪70年代以来，跨国公司在全球经济中发挥了越来越重要的作用。当跨国能源公司决定进行跨国经营时，它首先需要进行关于进入国别与区位的战略抉择。为解释企业的跨国经营战略抉择的驱动力，邓宁于1997年提出了折中理论（即O-L-I范式），他认为企业进行跨国经营的主要驱动力来源于所有权、区位选择与一体化动机。而且，企业跨国经营要考虑总部-分支机构布局与部门组织问题（Dunning and Lundan，2008）。然而，O-L-I范式对于能源企业的跨国组织并未给出更为详尽的解释。由于油气产业的重资产属性，其跨国投资与经营主要以资产贸易（跨境兼并、收购和股权投资等）的形式开展，以降低国际能源公司进入东道国的敏感性。由于企业异质性的存在，其决策过程并不完全相同，导致其产生的绩效与外部性也不相同。同时，企业跨国区位选择后的进入成功与否，还与其东道国和母国的关系密切相关。因而，在以股权投资和资产收购为主的油气领域，需要从理论层面和事实梳理层面，对区域能源投资网络的结构特征、组织模式与演进机理等给出更为合理的解释。

三 能源产业层面：后发国家新能源贸易网络与竞争优势研究

20世纪90年代以来，由于制造业的全球转移及其对发展中国家经济改善的显著作用，大量的经济地理研究主要集中于制造业领域和对外直接投资领域。对上游采掘等传统"老""旧""重"产业的关注严重不足，构成了这一时期研究的盲区（Coe and Yeung，2019）。Bridge（2008）呼吁，要加强全球生产网络在采掘业与油气部门的应用研究。Bridge 和 Bradshaw（2017）还率先应用GPN（全球生产网络）理论对液化天然气行业的全球化及其对国际市场的影响进行了系统分析，证明了其具备解释国际能源政治经济问题的潜力。然而，Bridge（2008）提出的仅仅是一个初步尝试与框架纳入，其对技术依赖性和产业链环节特征更为明显的新能源行业也未能给予充分的重视。回溯GPN理论，尽管 GPN 1.0 的理论内核包含了价值捕获、权力与嵌入性（Dicken，2007），但由于其分析框架的复杂性，多数案例研究只能涵盖某一方面而未能对能源权力给出更详尽的解释。新近的 GPN 2.0 理论试图以战略耦合的分析思路来解决地方发展与全球生产网络的互动问题（刘逸，2018），但其分析框架对权力研究并未给予新的关注。

当前，世界正处于第三次能源转型进程中，能源结构与主体能源正在发生演替，能源的利用方式呈现清洁化、去碳化与电气化趋势，能源的跨地域流动特征与贸易格局正在重塑。在此过程中，由于能源经济活动的空间组织方式及其嵌入的地域单元伴随能源转型而转变，所以能源权力的产生及其作用方式也将发生深刻转变。事实上，发展中国家在新能源产品生产、利用与国际贸易方面，已经重塑了传统以油气资源国和发达国家为核心、以发展中国家和资源需求国为边缘的"核心-边缘"结构（Fu et al., 2017）。且与能源生产网络相关的隐藏的环境不公正问题和绿色价值链发展日渐受到重视（沈静、曹媛媛，2019）。综上所述，在本次能源转型过程中，资本与技术在多大程度上重塑全球能源产业链与价值链？诸如像中国这样的后发国家，在促进能源价值链与生产网络的全球转移的同时，如何重塑其国家竞争优势？这些是关乎能源转型、可持续发展与国家竞争力的关键命题，迫切需要结合新近的理论与实践，进行更加深入细致的探讨。

第五节 本章小结

处于油气时代的能源具有政治和经济双重属性，因此从地理学角度出发，能源地缘政治和能源经济地理是研究国际能源贸易的重要学科基础。油气的空间分布格局和转移方向是地缘政治摩擦的重要来源，能源流动对国家实力和影响力具有举足轻重的作用。后油气时代，能源供给国、需求国和其他依赖国将面临来自能源体系内外的诸多挑战。本章重点剖析了政治性权力映射到能源经济领域后所形成的能源经济权力。主要结论如下。

（1）能源地缘政治视角下的能源权力诞生于现实归纳、学理类比与范围递推的三重逻辑，其研究存在过于强调单一主体、推理逻辑存在断链、落地服务能力不足、轻视能源关联效应与价值导向推广受限等不足。

（2）从能源经济地理视角观察，能源权力产生于市场机制，包括需求侧的产品关联与不完全替代、供给侧的寡头垄断与结构性壁垒、在位与新进入企业的策略性行为，以及国际能源市场交易与价格机制。影响能源权力运行的因素包括重大技术进步带来的颠覆性变革、能源耦合经济发展引发的市场需求的全球性转移、能源产业链配置策略与市场博弈，以及从资源控制到话语权的目标转向等关键驱动因素。

（3）展望未来，能源权力与能源网络的经济地理学研究，应在商品与全球层面加强国际能源贸易网络结构演化与组织模式的研究，在资产与区域层面开展区域能源资产贸易网络组织模式与机制的研究，在产业与国家层面进行发展中国家能源企业价值链升级与扩权路径的研究。

第四章　能源资源贸易网络结构组织

马克思对资本主义劳动力市场的分析以及韦伯关于现代科层制的分析表明：权力是一种由结构决定的潜力，它对不平等的资源进行分配，以他者为代价而使某些行动者获利。这种洞见对能源网络的研究有着深刻的启发，即探讨网络结构的性质，有利于澄清网络中权力作用的条件。能源贸易网络是能源网络的重要组成之一。在经济全球化背景下，能源产品，包括石油和天然气等原本被认为具有战略性资源特征的特殊产品，其商品特征和市场属性越发显著，由此形成了一个由多种能源行为体共同参与、不同品类能源产品全球流动、多种影响因素交互协同的复杂网络。那么，在这样一个网络中，能源贸易网络的结构与权力有什么样的关系呢？为回答此问题，本章将从多品类化石能源贸易网络入手，探讨化石能源贸易网络的结构特征及其组织模式，并进一步由网络的结构特征研究指向能源权力的网络表征与度量。

第一节　数据与方法

一　数据来源

全球能源贸易数据来源于 UN Comtrade 数据库，所涉及的能源包括煤炭（海关商品编号 2701）、石油（海关商品编号 2709）和天然气，其中包含液化天然气（海关商品编号 271111）和管道天然气（海关商品编号 271112），在国际能源贸易网络的构建与研究中以美元为度量单位。在攸关中国能源安全的油气资源的网络研究中，考虑到石油与天然气资源在储存、生产等方面往往存在伴生关系，因此根据 BP 提供的折标参数,将其统一折算为标准油当量单位进行合并分析,单位为千万吨。考虑到数据的可获得性和近年来能源版图的快速变化,选取若干典型年份做横截面对比分析。

二 研究方法

能源网络涉及不同能源行为主体的复杂权益关系。复杂网络分析能够客观反映网络中各主体之间的相互关系,并能够通过一系列的指标,分析整个网络的构成和组织模式等。以 $V = \{v_1, v_2, v_3, \cdots, v_n\}$ 表示国家的集合,N 为国家的数量。以 $E_{i,j}$ 表示国家 v_i 和国家 v_j 之间的能源贸易联系状态,$E = \{E_1, E_2, E_3, \cdots, E_s\}$ 表示所有国家之间的能源贸易联系的集合。若 v_i 和 v_j 之间存在能源贸易关系,则 $E_{i,j} \neq \emptyset$ 且 $E_{i,j} \in E$;若 v_i 和 v_j 之间尚未建立能源贸易联系,则 $E_{i,j} = \emptyset$。进一步,将 v_i 和 v_j 之间存在的能源贸易关系以矩阵形式表达,则:

$$G_{N \times N} = \begin{bmatrix} e_{1,1} & \cdots & e_{1,N} \\ \vdots & & \vdots \\ e_{N,1} & \cdots & e_{N,N} \end{bmatrix}, e_{i,j} = \begin{cases} 1, & E_{i,j} \neq \emptyset \text{ 且 } E_{i,j} \in E \\ 0, & E_{i,j} = \emptyset \end{cases} \quad (4-1)$$

其中,$e_{i,j} = 1$、$e_{i,j} = 0$ 分别表示 v_i 和 v_j 之间存在、不存在边的连接,i 和 j 均处于 $[1, N]$。

(一) 网络的连通性

(1) 网络密度,即节点间的实际联系数与整个网络中关系总数的理论最大值之比,描述了网络中节点间联系的疏密情况。网络密度的值越大,说明国家之间的贸易联系越紧密,并且网络的等级也越高。假设参与国际能源贸易的国家数量为 N,用 M 表示网络中的实际联系数,网络密度 ρ 计算公式可以表示为:

$$\rho = \frac{M}{N(N-1)} \quad (4-2)$$

(2) 平均最短路径长度,即网络中所有节点之间最短路径经过边数的平均值。平均路径长度能够反映参与能源贸易的国家之间的平均分离程度。设 d_{ij} 为节点 i 和节点 j 之间最短路径经过的边数，则网络平均路径长度 L 的计算公式为：

$$L = \frac{2}{N(N-1)} \sum_{i=1}^{N} \sum_{j=i+1}^{N} d_{i,j} \quad (4-3)$$

（3）线点率，即网络中每一个节点的平均连线数目，其值越大，说明该网络的复杂性越高，可以反映国家间的能源贸易联系情况及整个网络的复杂程度。线点率 β 的计算公式可以表示为：

$$\beta = \frac{E}{V} \quad (4-4)$$

（4）聚集系数，即在网络中与同一节点连接的两节点之间相互连接的平均概率。聚集系数能够反映能源贸易关系及贸易网络的聚集程度。设节点 i 的聚集系数为 CL_i，则：

$$CL_i = \frac{2 M_i}{k_i(k_i-1)}, i = 1, 2, 3, \cdots, N \quad (4-5)$$

其中，M_i 为节点 i 的相邻节点间存在的边数。因而网络的聚集系数 C 的计算公式为：

$$C = \frac{1}{N} \sum_{i=1}^{N} CL_i \quad (4-6)$$

（二）社团结构划分

复杂网络的社团结构是指由若干个社团构成的网络，每个社团内节点的连接非常紧密，而社团之间的连接却比较稀疏。具体到能源贸易网络中，这种社团结构中的群即为参与能源贸易的国家社团。而通过对贸易社团的数量、国家组成及其演变的探索，可为不同社团群体的贸易行为提供更加有力的解释。Newman（2006）提出的模块度（modularity）可以衡量网络分化的程度。模块度越大，说明网络分化越明显，反之说明网络的同化程度较高。Blondel 等（2008）基于模块度设计了社团划分的算法，可以用来对能源贸易网络进行国际贸易社团的划分。模块度的取值范围为 $-1 \sim 1$，其计算公式为：

$$Q = \frac{1}{2m} \sum_i \sum_j \left(w_{i,j} - \frac{C_{I,j} C_{O,i}}{m} \right) \delta(c_i, c_j) \qquad (4-7)$$

其中，$C_{O,i}$ 是国家 v_i 的出度，$C_{I,j}$ 是国家 v_j 的入度；$m = \sum_i C_{O,i} = \sum_j C_{I,j}$，$\delta(c_i, c_j) = \begin{cases} 1, & c_i = c_j \\ 0, & c_i \neq c_j \end{cases}$，$c_i$ 是国家 v_i 从属的贸易社团，c_j 是国家 v_j 从属的贸易社团。如果国家 v_i 和国家 v_j 从属于同一贸易社团，$\delta(c_i, c_j) = 1$，反之则为 0。

（三）节点的中心性

中心性指标主要关注各个节点在网络中的作用，用以刻画能源贸易网络中各个节点的地位。具体地，使用度中心性、接近中心性以及中介中心性等指标来刻画能源贸易网络中各节点国家的中心性情况。其中，在有向网络中度中心性又分为出度中心性和入度中心性，分别表示该节点发出和接收关系的能力。

（1）度中心性（degree）分为出度中心性和入度中心性，分别表示一个国家在网络中的出口/进口的重要性。其中，$C_{O,i}$ 表示节点 i 的出度中心性，$w_{i,j}$ 表示节点 i 指向节点 j 的联系强度，$C_{I,i}$ 表示节点 i 的入度中心性，$w_{j,i}$ 表示节点 j 指向节点 i 的联系强度，则有：

$$C_{O,i} = \frac{\sum_{j=1,j\neq i}^{N} w_{i,j}}{N-1} \qquad (4-8)$$

$$C_{I,i} = \frac{\sum_{j=1,j\neq i}^{N} w_{j,i}}{N-1} \qquad (4-9)$$

（2）接近中心性（closeness）反映了一个节点在发出和接收关系时不受其他节点控制的程度，即反映一国在能源贸易中不受他国控制的能力。使用 CC_i 表示接近中心性，$d_{i,j}$ 表示节点 i 到节点 j 最短路径的步数，则接近中心性的计算公式为：

$$CC_i = \frac{N-1}{\sum_{j=1,j\neq i}^{N} d_{i,j}} \qquad (4-10)$$

（3）中介中心性（betweenness）通过测度一个节点在多大程度上

位于其他节点的"中间",从而反映了一国对网络中能源流动的通道控制与中介能力。BC_i表示节点i的中介中心性,假设节点j和k之间存在的捷径数为g_{jk},节点j和k之间通过节点i的捷径数量为$g_{jk}(i)$,则节点i对于控制节点j和k关联的能力可以定义为$b_{jk}(i) = \dfrac{g_{jk}(i)}{g_{jk}}$。其计算公式为:

$$BC_i = \frac{2\sum_{j}^{n}\sum_{k}^{n}b_{jk}(i)}{N^2 - 3N + 2}, j \neq k \neq i \tag{4-11}$$

第二节 网络拓扑结构

一 网络连通性

根据复杂网络理论,网络密度的值越大,说明国家之间的贸易联系越紧密;线点率越大,网络的复杂性越高,则其权力越分散。从网络密度的变化情况来看(见图4-1),最大值出现在2013年,为0.068,最小值是2011年的0.042。1989~1999年的10年间,网络密度在震荡中总体呈减小趋势。21世纪的前十年中,网络密度在0.047和0.055之间小幅波动,2011年跌至谷底,而后又迅速提升至0.068,2013年至今网络密度稳定在0.06之上。从另一个指标线点率的变化情况来看,线点率的最小值为1988年的3.2,此后其值处于总体增大的状态,只有在2009~2011年呈大幅下降趋势,其他年份下降幅度较小,2013~2016年线点率保持在12左右。两个指标对比分析后可以发现,网络密度与线点率的变化特征在2000年以来趋于一致,共同表现为总体上升的状态,这表明国际贸易关系逐渐趋于复杂化,世界能源网络的连通性整体上是在增强的,进而可以推导出网络中的核心国家可能存在权力流失现象。凝聚力不同的网络的性质比较见表4-1。

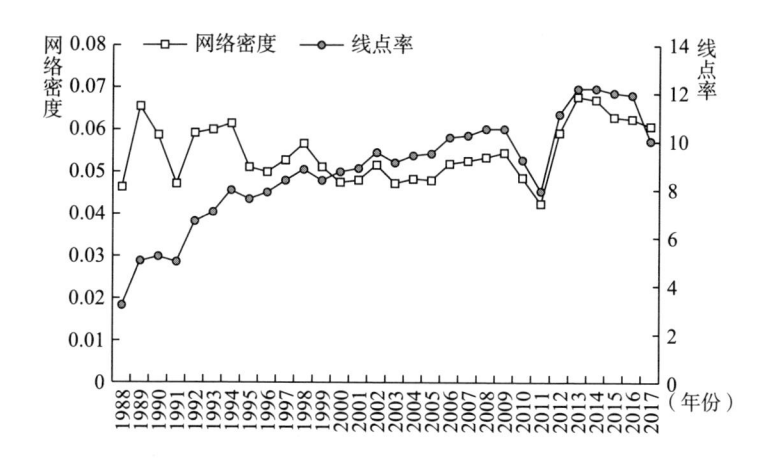

图 4-1　1988~2017 年国际能源网络的网络密度及线点率变化

表 4-1　凝聚力不同的网络的性质比较

凝聚力低的网络	凝聚力高的网络
权力集中	权力分散
信息集中	信息分散
行为主体不平等	行为主体平等
易受到个别点的影响	不易受到个别点的影响
分派结构	均匀结构

资料来源：刘军（2019）。

二　小世界特性

从平均最短路径长度和聚集系数的变化情况来看（见图 4-2），尽管二者呈现反向变化特征，但共同表明了网络的聚集状态在 2011 年后变得更加凝聚，进一步表明国际能源贸易网络的权力流失现象。尤其是从聚集系数的变化态势来看，1988 年的聚集系数为 0.36，此后其值在波动中逐渐增至 2009 年的 0.57，2010 年有所回降，从 2012 年开始聚集系数重新开始增加，并增至 2016 年的 0.64。需要注意的是，一般来说，一个网络若具有较小的平均最短路径长度和较大的聚集系数，则该网络具有小世界特性。既有研究表明，石油贸易网络就具有较小的平均最短路径长度与较大的聚集系数，其具有较为典型的小世界特性。世界化石能源贸易网络的平均最短路径最大为 2.4，而聚集系数为 0.5 左右，因此可以判断化石能源贸易网络也具有较为典型的小世界特性。

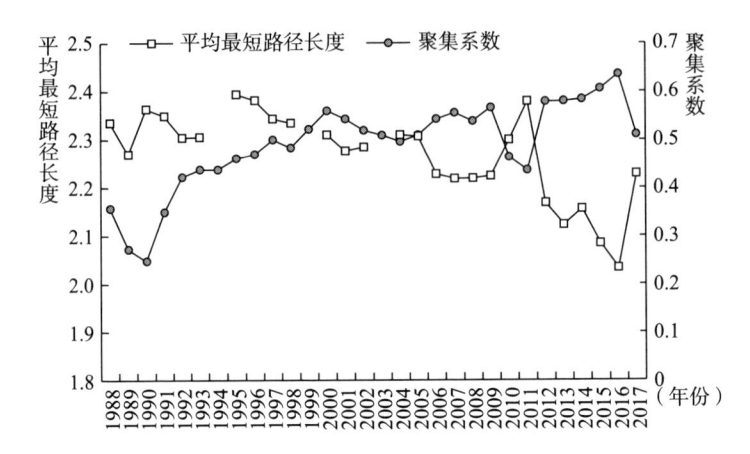

图 4-2　1988~2017 年国际能源贸易网络的平均最短路径长度及聚集系数变化

三　无标度特征

度分布曲线表明，国际能源贸易网络具有无标度特性。从能源贸易网络的平均度的时间序列来看（见图 4-3），平均度在波动中缓慢增长，从 1988 年的 6.4 增长至 2013 年的 23.85，增长近 3 倍。同时，平均度在 2013 年之后基本保持平稳中略显下降的趋势，2017 年平均度降低至 20.05。这说明，整体来看国际能源贸易网络中国家的平均重要性在不断提升。另外，从典型年份的度分布曲线对比来看，国际能源贸易网络的度分布曲线表现为明显的幂律分布特征，这说明化石能源贸易网络具有无标度①的特征。此外，1998~2017 年随着贸易关系的日益复杂化，总体上能源贸易网络的无标度特征在不断强化；但 2017 年的度分布曲线在 2008 年的曲线下方，说明在 1988~2017 年，能源贸易网络的无标度

---

① 在网络的生成与发展过程中，不断增加的网络节点如果倾向于优先连接那些度较大的点，那么该网络最终的度分布曲线将呈现 $p(k) \sim k$ 的幂律分布特征，则该网络具有无标度特性。

特征呈现先增强后减弱的变化特征。

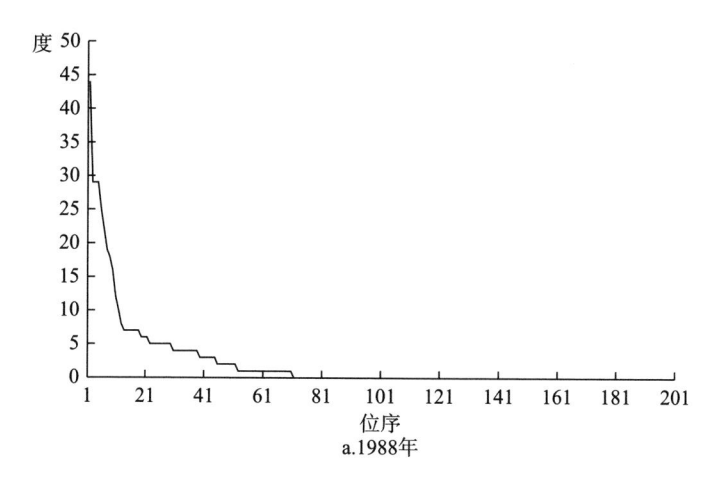

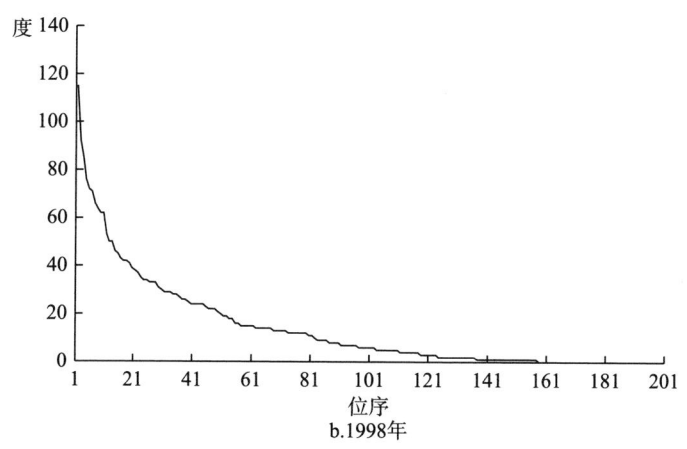

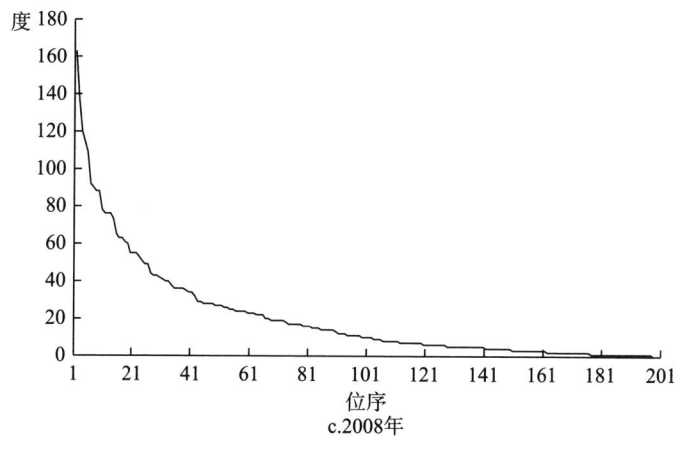

a.1988年

b.1998年

c.2008年

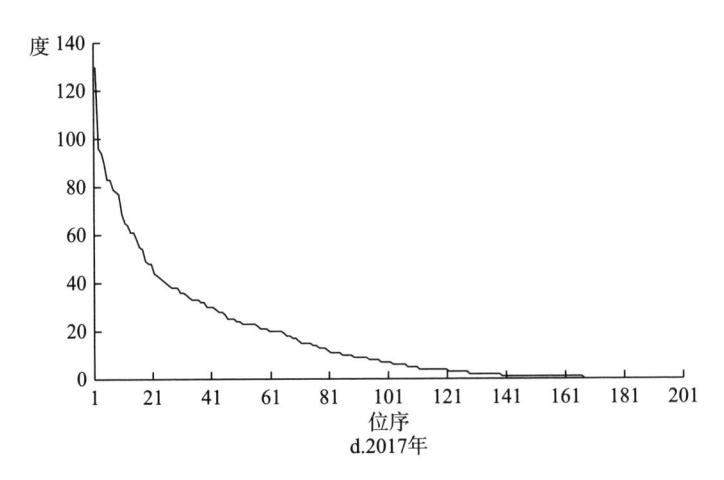

图 4-3 国际能源贸易网络的度分布演变

第三节 网络组织模式

模式指现实事物或真实世界的一种抽象和简化的关系模型，通过各种指标的相关性来显示地域性质或者空间关系（张超、杨秉赓，2010）。对于经济地理研究而言，网络的组织模式就是网络的空间结构（莫辉辉，2011）。从经济活动的空间组织视角观察，空间结构实际上就是空间组织的结果，是社会经济客体在空间中相互作用及其所形成的空间集聚程度和集聚形态（陆大道，1995）。金凤君（2012）、金凤君等（2013）将空间组织模式定义为：人类为实现自身的发展目标而实施的一系列空间建构行动及其所产生的空间关联关系。从全球能源贸易来看，网络的组织模式主要体现在能源贸易流动所形成的社团结构（贸易社团）和空间结构（首位联系）两方面。理论上，网络的组织模式（或者称作网络空间结构）形成的经济社会基础在于：①关系具有互惠性；②社团内部成员的接近性更高；③内部成员之间的关系频次高；④内部成员之间的关系密度相对于外部成员之间的关系密度更大。

一 社团结构

一个国家在能源贸易中往往会存在一定的路径依赖，这种依赖性表现在群体特征上就会形成大小不同的贸易社团。从对贸易社团的识别情况和社团演化情况来看（见图4-4），1988年的能源贸易社团处于一种较为初级的状态，整体上有两大社团被检测出，一个是以德国、葡萄牙和英国等国为核心的欧洲社团，另一个是由韩国、日本、澳大利亚和印度等国组成的东亚-南亚-澳大利亚社团。

1998年，国际能源贸易网络的社团化特征明显得到了强化，这一时期有四个贸易社团被检测出。一是以欧洲国家为主的贸易社团；二是以美国、加拿大等国家为主的北美-南美-北非国家贸易社团；三是以俄罗斯为首的东欧-中亚国家贸易社团，主要包括前苏联国家及中亚国家；四是由东亚的韩国、日本和中国，南亚的印度，东南亚的菲律宾和马来西亚，以及澳大利亚等国组成的贸易社团。

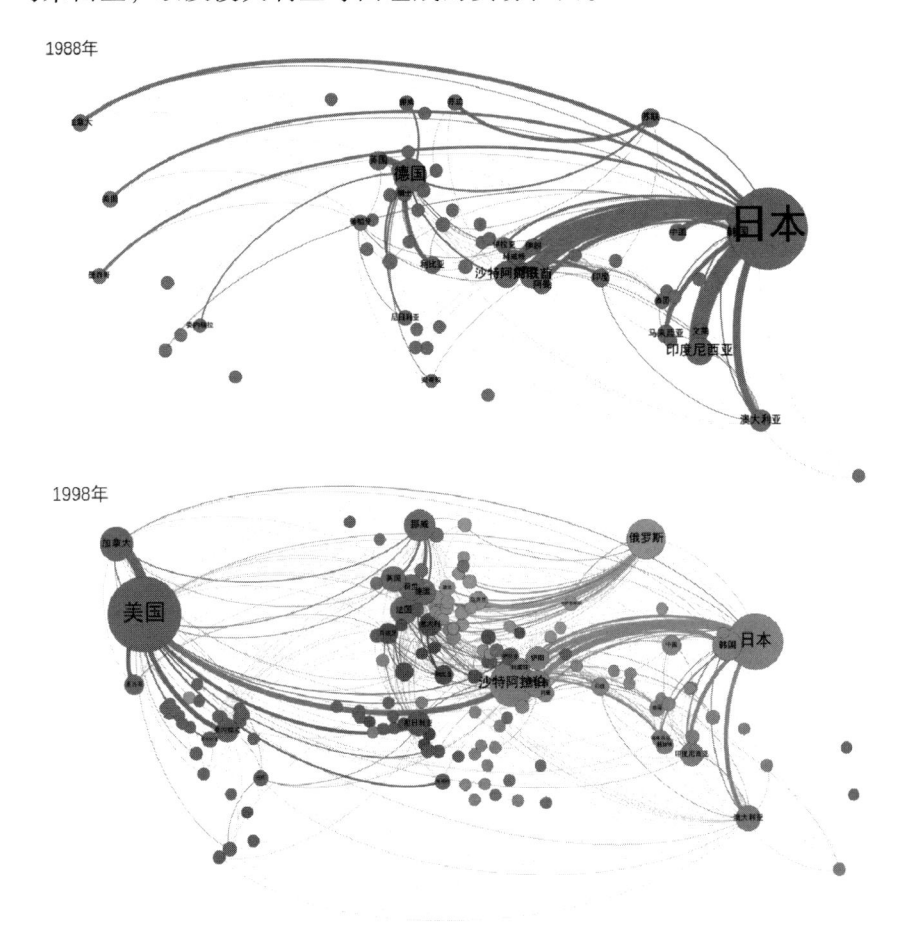

2008年

2017年

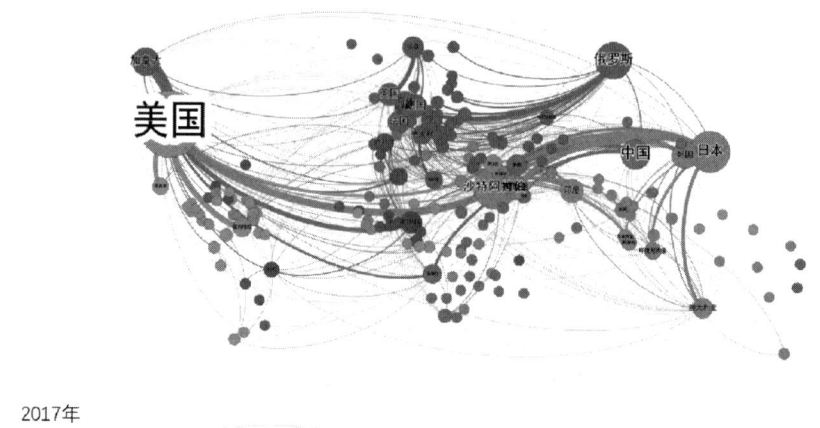

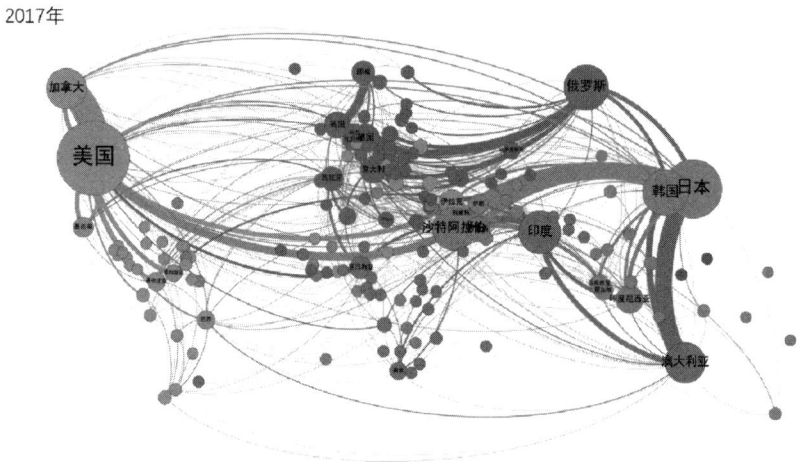

图 4-4　国际能源贸易网络的社团演变

到了 2008 年，原来以俄罗斯为主的东欧 - 中亚国家贸易社团，渐渐与原来的欧洲国家贸易社团融为一体。这主要是因为，欧洲国家的能源对外依赖度不断提升，因此必须依赖俄罗斯等国的天然气。另外，原来的东亚 - 南亚 - 澳大利亚贸易社团，也开始向非洲南部国家和中东地区扩张。此外，贸易社团间出现了交织与重叠现象，如加拿大既属于北美 - 南美 - 北非国家贸易社团又属于以欧洲国家为主的贸易社团。

从 2017 年的能源贸易社团化特征来看，尽管各贸易社团间的交织与重叠现象更为显著，但依然有四个贸易社团存在：一是以美国为首的贸易社团，二是欧洲 - 东欧国家贸易社团，三是东亚 - 东南亚贸易社团，四是澳大利亚－印度－非洲贸易社团。值得注意的是，东亚－东南亚贸易社团已经在很大程度上与以美国为主的贸易社团相融合，彼此之间的界限变得逐渐模糊，尤其是通过与澳大利亚－印度－非洲贸易社团中的过渡融入北美国家的贸易社团。

从历年贸易社团形成及演化的结构看，首先，地理距离因素是形成贸易社团的基础因素，如北美国家和南美国家之间在地理距离和自由贸易制度安排下，其内部联系一直非常紧密；其次，历史与文化因素，尤其是国家的组成与分解以及殖民地等因素对贸易社团的演化作用显著，如苏联解体后，哈萨克斯坦、土库曼斯坦等国在俄罗斯的主导下，与欧洲及东亚国家间的能源往来越发密切。此外，从印度和澳大利亚所从属的贸易社团的转变来看，能源贸易社团在一定程度上也体现了当前的国际政治生态体系，对于能源贸易网络而言，政治因素的影响及其重要性不言而喻。

二 空间结构

本节主要采用首位联系方法对国际能源贸易网络的组织模式进行研究。首位联系是指一个国家在与网络中其他国家进行贸易时，流量最大的连接所体现的空间联系结构。如图4-5所示，常见的网络结构有环形、链形、Y形和星形等。基于首位联系的空间结构，一方面体现了网络的空间组织，另一方面在经济社会组织上体现了贸易国家之间的竞合关系。

环形　　　　链形　　　　Y形　　　　星形

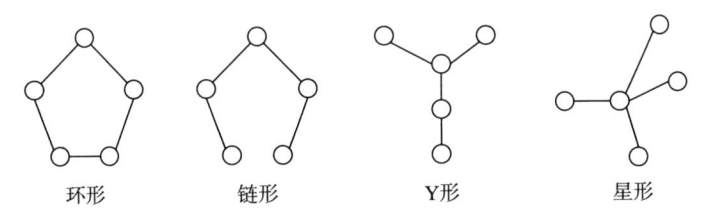

图4-5　常见的网络组织模式

资料来源：刘军（2019）。

从合作视角分析，供需大国之间存在非对称性依赖。贸易社团内，核心国家之间的贸易依赖存在非对称性。从图4-6可知，俄罗斯-欧洲贸易社团的贸易关联倾向于卖方市场，德国、意大利和波兰等欧洲国家则依赖俄罗斯的能源供给。俄罗斯是德国和意大利最大的能源进口国，从俄罗斯进口的能源占其进口的比重分别为33.67%和23.45%。从供给国俄罗斯的角度来看，其不仅向欧洲国家出口能源，同时也与东亚的日本、韩国等国家保持着密切的能源关系。对于以美国为首的贸易社团而言，作为该贸易社团核心的美国既是能源供给大国，也是能源需求大国，是联系社团内外部能源贸易交流的纽带。可以看到，在社团内部，美国与加拿大互为最大的进出口国家，美国与墨西哥互为重要的贸易国；在社团外部，美国的能源进口国主要为沙特阿拉伯、伊拉克、委内瑞拉和哥伦比亚等国，而其出口既面向日本、韩国和印度等国家，也面向俄罗斯-欧洲贸易社团的德国和英国。比较特殊的是，印度尼西亚和新加坡等国家的进出口状态表明，其主要承担着能源贸易中介的角色，印度尼西亚和新加坡等国从美国、中东国家进口能源，继而出口至东亚国家。

相比能源供给国，能源需求国的进口来源的多元化现象更为突出。从能源需求大国的进口来源数看，进口来源数最少的两个国家为比利时和英国，均有4个进口来源；西班牙、印度、日本、新加坡和美国等五个国家则均有6个进口来源；德国和意大利两个国家均有7个进口来源；韩国为进口来源最为多元的国家，有8个进口来源。从能源进出集中率看，10个供给大国中对其主要出口对象的出口集中率在80%以上的有5个，集中率在70%~80%的有4个，只有俄罗斯一国的主要出国对象较多导致其出口集中率不足60%，10个供给大国出口集中率平均为78.22%。相比之下，10个能源需求大国中有2个国家的进口集中率在60%以下，5个国家进口集中率在70%~80%，仅有3个国家进口集中率大于80%，10个需求大国进口集中率平均为73.99%。此外，能源供给国的出口对象的平均数为3.3个，而10个主要进口国平均拥有6个进口来源。由此可知，能源需求大国进口来源的多元化远高于出口，且其进口集中率也较能源供给大国低，说明进口国更加注重能源的多元化发展。

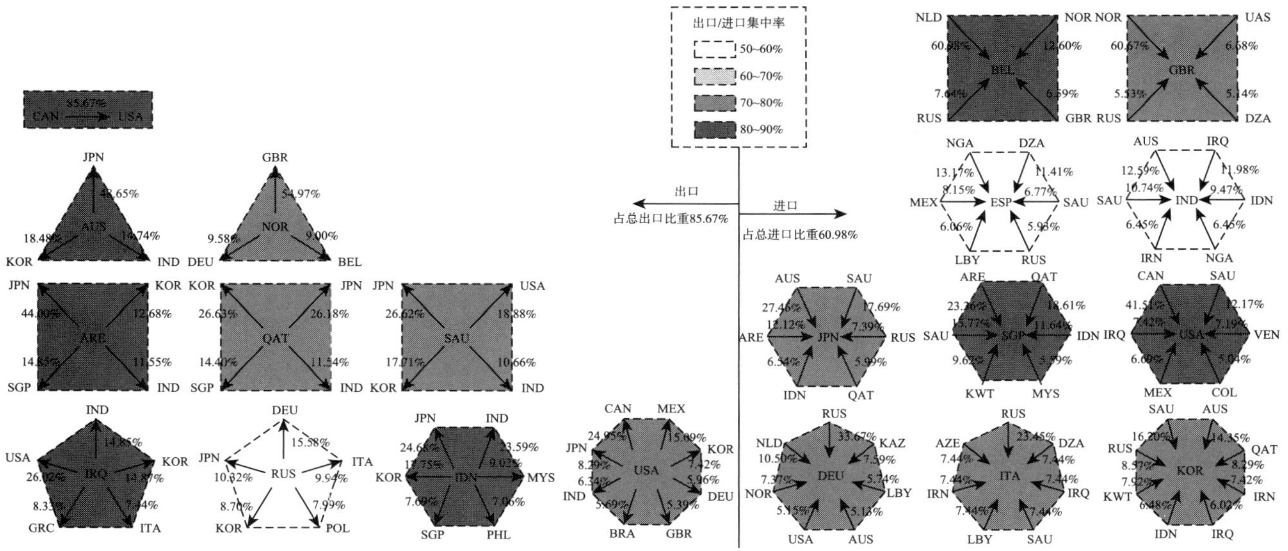

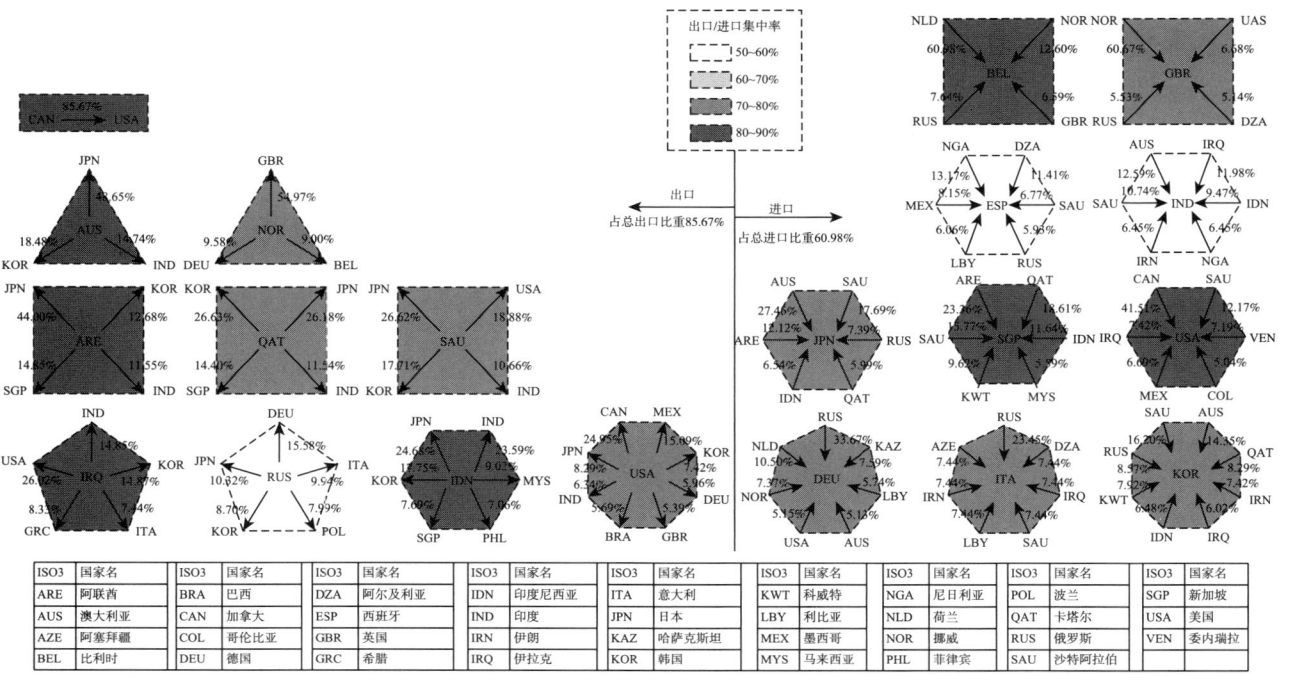

图 4-6 2017年主要能源国家间的首位联系网络结构

从竞争视角看，能源供给国之间的竞争关系不能一概而论。能源竞合关系在宏观上表现为大国主导下的贸易社团的竞合状态，而在中观上则是国与国之间的能源贸易以及所衍生出的竞合关系。从供给视角观察，2017年的能源出口大国主要包括俄罗斯、沙特阿拉伯、澳大利亚、加拿大、伊拉克、美国、阿联酋、印度尼西亚、挪威和卡塔尔等国。其中，加拿大85.67%的化石能源出口给美国，美国是加拿大唯一的能源大国贸易伙伴。澳大利亚和挪威则均有三个主要的出口对象，且它们向这三个主要国家出口的化石能源分别占其总出口的81.87%和73.55%；阿联酋、卡塔尔和沙特阿拉伯三个中东国家均有4个主要的出口对象，出口集中率分别为83.08%、78.75%和73.87%。伊拉克和俄罗斯则均有5个出口对象，出口集中率分别为71.51%和52.53%；印度尼西亚有6个主要出口对象，出口集中率为89.79%；美国为出口多元化最为突出的国家，有8个主要出口对象，出口集中率为79.13%。

对于能源供给国而言，供给大国的出口目标是其竞争关系存在的基础。一般认为，两个供给国如果具有相同的出口方向即存在竞争。尽管上述能源出口大国均有向世界市场出口能源产品的需求，具有潜在的竞争关系，但由于其出口的方向与国家不同，所以能源供给大国间的竞争关系也存在差异。例如，澳大利亚和挪威在出口方向和国别上完全不同，澳大利亚主要向日本、韩国和印度三国出口，而挪威则主要向英国、德国和比利时三国出口，因此澳大利亚和挪威属于非竞争关系。再如，阿联酋与卡塔尔均与日本、韩国、印度和新加坡存在较大的能源贸易，因此存在竞争关系。同时，沙特阿拉伯、美国和澳大利亚也与这些亚洲国家具有密切的能源贸易关系，因此阿联酋、卡塔尔、沙特阿拉伯、美国和澳大利亚等国家之间存在竞争关系。所以，能源供给国之间的竞争关系不能一概而论。总体而言，阿联酋、卡塔尔、沙特阿拉伯、美国和澳大利亚等国家之间存在竞争关系，东亚、东南亚市场是其共同争夺的对象。

第四节　网络权力结构

能源贸易网络表现为一种"点对点"模式，能源关系则体现为国家之间的依赖与竞争。网络节点的权力大小，主要采用中心性这一关键指标来度量。中心性反映了节点在网络中的重要程度，具体又可以分为度中心性、中介中心性和接近中心性。具有较高的度中心性、中介中心性和接近中心性的节点与其他节点之间存在更多的联系，访问其他节点的路径相对较短，能够快速地到达其他节点来获取资源，从而表现出显著的结构优势。如表4-2所示，某一个节点的中心性越高，说明其越接近网络的核心位置，在网络中的地位和功能越重要。

表4-2　三类中心性之间的关系

	度中心性低	接近中心性低	中介中心性低
度中心性高		所嵌入的聚类远离网络中的其他点	"自我"的联络人是绕过他的冗余的交往关系
接近中心性高	是与重要人物有关联的关键人物		在网络中可能存在多条途径，"自我"与很多点都接近，但是其他点与另一些点也很近
中介中心性高	"自我"的少数关系对于网络流动来说至关重要	此类点极少见，意味着"自我"垄断了从少数人指向很多人的关系	

资料来源：刘军（2019）。

一　基本能源权力：度中心性

节点的中心性刻画了节点在网络中的作用，体现了国家在贸易网络中的重要性与权力大小。加权入度和加权出度表示了一个国家在能源进出口中选择目的地国家的多元化情况及能力大小。通过表4-3来对比1988年和2017年的加权度及出入度前10位的国家，可以发现，不论是出度还是入度，在过去30年间均发生了较大的变化。1988年，出度最大为印度尼西亚的60.91亿，入度最大为日本的287.02亿，而到了2017年出度最大的国家为俄罗斯，其值已增长至1036.74亿，入度最大的国家变为美国，其值也增至1493.99亿。此外，从加权出入度前10位国家的地理分布来看，过去30年随着全球能源进出口国家与产品的多元化转变，世界能源的进口格局已发生重塑；能源的出口重心逐渐由东亚、中东、澳大利亚转向了东欧、中东、北美等地区，进口重心由东亚、西欧、澳大利亚转向了北美、东亚和西欧。

表4-3 1988年和2017年加权度及出入度前10位国家情况

单位：亿

年份	度		入度		出度	
	国家	数值	国家	数值	国家	数值
1988	日本	287.02	日本	287.02	印度尼西亚	60.91
	德国	88.02	德国	86.96	阿联酋	57.11
	印度尼西亚	60.91	韩国	41.95	沙特阿拉伯	54.13
	阿联酋	57.11	印度	21.92	澳大利亚	30.28
	沙特阿拉伯	54.13	芬兰	12.73	英国	24.48
	韩国	41.95	葡萄牙	10.21	苏联	23.72
	澳大利亚	36.78	泰国	8.64	阿曼	23.01
	英国	24.48	瑞士	7.03	马来西亚	21.83
	苏联	23.72	澳大利亚	6.51	中国	18.20
	阿曼	23.01	希腊	4.90	利比亚	17.83
2017	美国	1908.30	美国	1493.99	俄罗斯	1036.74
	日本	1449.74	日本	1448.69	沙特阿拉伯	962.96
	韩国	1056.97	韩国	1053.09	澳大利亚	817.64
	俄罗斯	1046.74	印度	957.40	加拿大	723.81
	沙特阿拉伯	962.96	德国	479.65	伊拉克	426.22
	印度	960.31	意大利	439.21	美国	414.31
	澳大利亚	893.59	西班牙	366.29	阿联酋	399.05
	加拿大	892.00	英国	334.32	印度尼西亚	384.17
	德国	511.05	比利时	263.68	挪威	369.01
	印度尼西亚	483.68	新加坡	253.72	卡塔尔	327.88

二 不受控制能力：接近中心性

接近中心性反映了一个节点在发出和接收关系时不受其他节点控制的程度。从图4-7来看，1988~2017年接近中心性总体上在波动中保持着上升的态势，2016年其值为0.31，2017年下降为0.22。从1988年和2017年各国接近中心性的大小排序分析，1988年排在前10位的国家分别为沙特阿拉伯、美国、澳大利亚、英国、中国、苏联、阿联酋、科威特、伊朗和加拿大；2017年排在前10位的国家分别为美国、俄罗斯、中国、英国、德国、南非、哥伦比亚、尼日利亚、澳大利亚和荷兰（见表4-4）。显然，上述国家与前述的入度和出度国家基本一致，这也反映了国际能源贸易网络事实上是一种"点对点"的贸易模式。

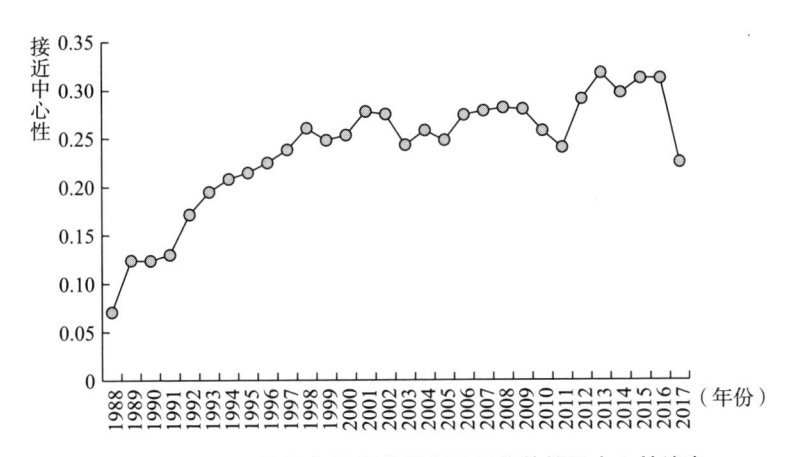

图4-7 1988~2017年国际能源贸易网络的接近中心性演变

表4-4 接近中心性与中介中心性前10位国家情况

序号	1988年 接近中心性 国家	数值	中介中心性 国家	数值	序号	2017年 接近中心性 国家	数值	中介中心性 国家	数值
1	沙特阿拉伯	0.14	澳大利亚	0.04	1	美国	0.49	美国	0.11
2	美国	0.13	德国	0.03	2	俄罗斯	0.44	南非	0.05
3	澳大利亚	0.12	日本	0.02	3	中国	0.42	英国	0.04

续表

序号	1988年 接近中心性 国家	数值	1988年 中介中心性 国家	数值	序号	2017年 接近中心性 国家	数值	2017年 中介中心性 国家	数值
4	英国	0.12	韩国	0.02	4	英国	0.42	意大利	0.03
5	中国	0.11	瑞士	0.01	5	德国	0.4	印度	0.03
6	苏联	0.11	希腊	0.01	6	南非	0.38	德国	0.03
7	阿联酋	0.11	印度	0.01	7	哥伦比亚	0.37	西班牙	0.03
8	科威特	0.11			8	尼日利亚	0.37	波兰	0.02
9	伊朗	0.10			9	澳大利亚	0.36	韩国	0.02
10	加拿大	0.10			10	荷兰	0.36	新加坡	0.02

注：由于1988年其他国家中介中心性过小，故只列出前7名国家。

三　资源控制能力：中介中心性

中介中心性反映了节点国家对于网络中资源的控制能力。如图4-8所示，中介中心性的变化态势与接近中心性基本一致，2003年以来其值基本稳定在0.0045左右，但2017年下降明显，变为0.0039。从各国中介中心性的大小排序分析（见表4-4），1988年排在前7位的国家分别为澳大利亚、德国、日本、韩国、瑞士、希腊和印度，而2017年排在前10位的国家分别为美国、南非、英国、意大利、印度、德国、西班牙、波兰、韩国和新加坡。对比分析2017年中介中心性、入度及出度排在前10位的国家可以发现，中介中心性排在前10位的国家中仅有1个与出度前10位国家相同，为美国，而与入度前10位国家相同的高达8个，分别为印度、韩国、意大利、西班牙、美国、新加坡、德国和英国，这表明能源关系中的控制力强弱直接体现为能源供需各国之间的依赖性与脆弱性。

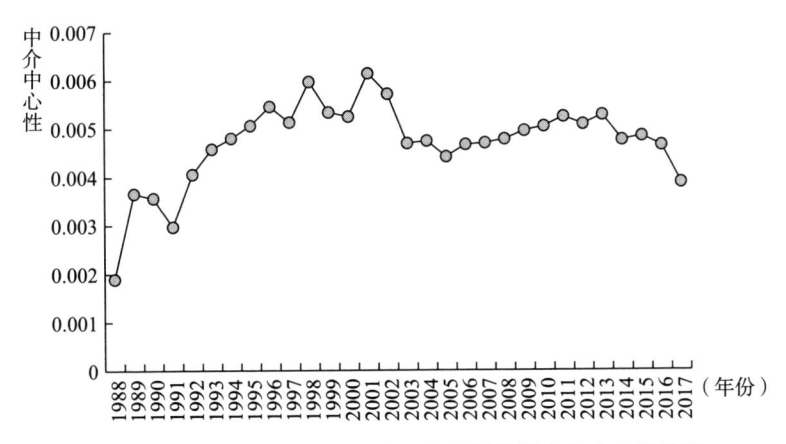

图 4-8　1988~2017 年国际能源贸易网络的中介中心性演变

第五节　中国在国际能源贸易网络中的位置与权力

冷战结束以来，发展问题日益成为各国关注的焦点，特别是新兴工业化国家的经济发展带来全球油气贸易繁荣之势，参与全球油气贸易的国家和地区数量从 1995 年的 110 个增加到 2015 年的 127 个，贸易网络的复杂程度也随之提升。欧美发达国家、中国和印度等新兴工业化国家与世界主要油气产地之间的贸易关联构成了全球能源贸易的基本格局。但能源生产和消费的多极化导致能源贸易呈现社团化的趋势，主要包括美国-中南美洲-中东-非洲、俄罗斯-欧盟-中亚里海地区、东亚-东南亚-中东-非洲等多个贸易社团（Yang et al., 2015）。贸易社团内部的油气贸易具有较为明显的同质性，贸易社团之间则更多表现为异质性。除了能源供需因素，历史与殖民关系、制度和文化差异等是贸易社团长期存在的重要原因。2000 年以来，随着亚洲市场的崛起，中东、北非和北美等油气供给区域与亚洲的中国、日本、韩国等油气消费大国也逐渐建立了更加密切的贸易合作关系。

如图 4-9 所示，20 世纪 60 年代到 90 年代初期，中国油气生产量和消费量基本相当，对国际石油市场依赖程度不高，1983~1987 年中国曾短暂地向世界出口过油气。90 年代中后期以来，随着中国工业化

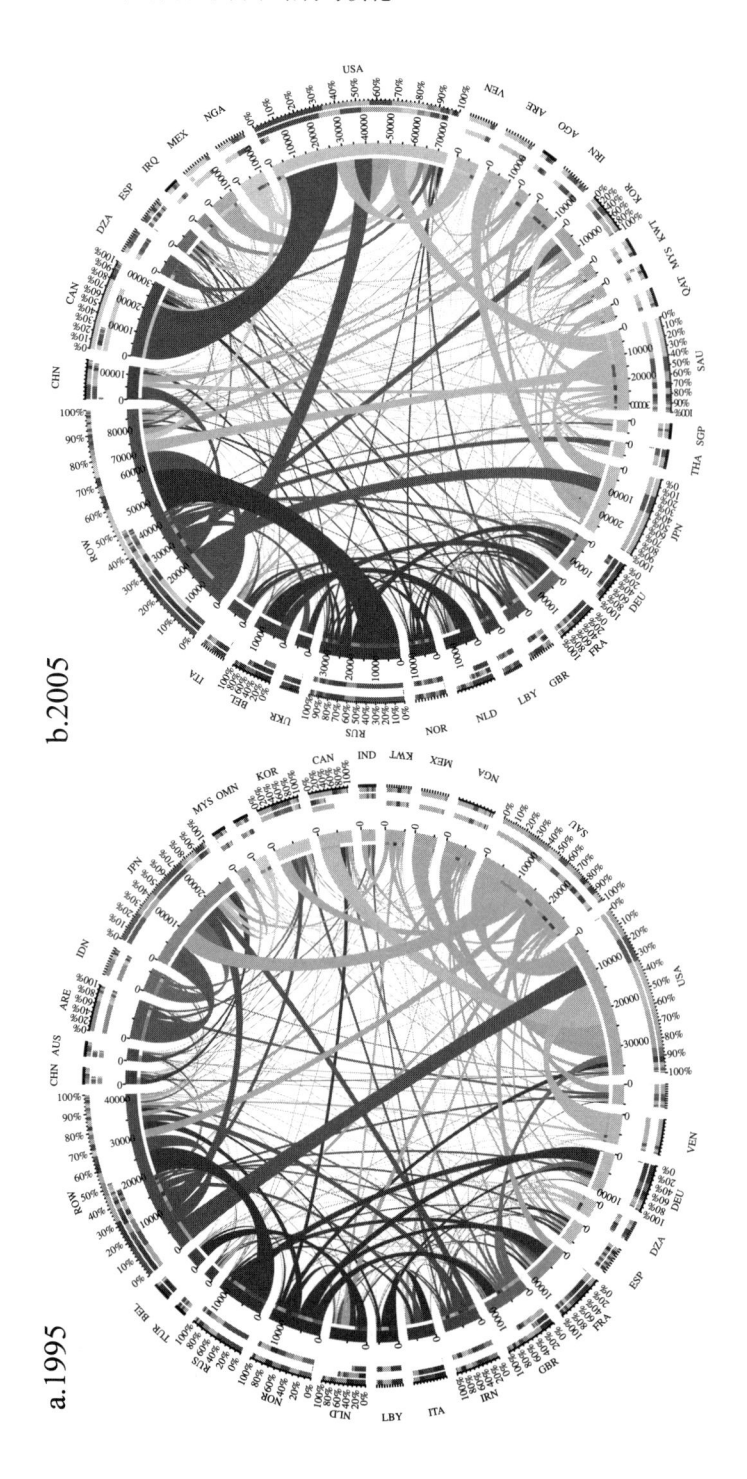

072 / 国际能源网络研究：权力、结构与演化

b.2005

a.1995

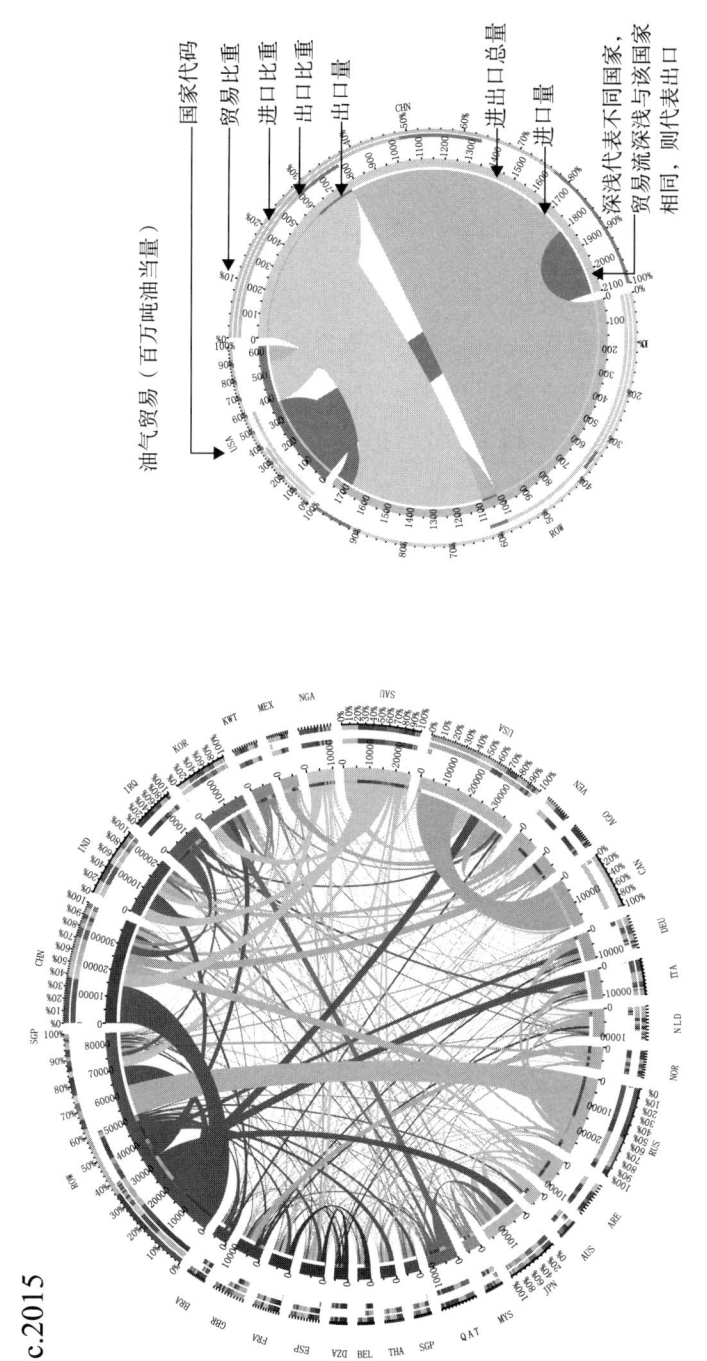

第四章 能源资源贸易网络结构组织 / 073

c.2015

图4-9 世界油气进口来源演变（1995~2015年）

和城镇化的快速发展，油气需求呈现井喷式增长，油气进口量从1995年的1710.28万吨油当量增加到2015年的3.89亿吨油当量。油气进口来源国从1995年的32个增加到2015年的49个，主要来源地从东南亚、大洋洲和中东地区拓展到俄罗斯、中东、非洲、南美洲和中亚等地区。从全球贸易网络中心性来看，1995年中国油气加权入度仅为0.17，远远低于美国（36.97）和日本（27.61），排在全球第19位，处在世界油气贸易网络的边缘位置，并未形成世界范围内的能源供应版图，从属于以日本和韩国为主导的东亚-中东油气贸易社团。2005年，中国油气加权入度快速提高到12.67，排在美国、日本、法国和韩国之后，列全球第五位，成为全球油气市场的重要买方，网络中心性得到显著增强，将东亚-中东油气贸易社团拓展到东亚-东南亚-中东贸易社团，并与日本、韩国共同成为贸易社团的核心。2015年，中国油气贸易的加权入度增长到38.95，超越美国，排在全球第一位，与世界主要油气出口国建立了广泛的贸易关系，成为全球油气贸易网络的核心，并逐步从东亚-东南亚-中东贸易社团中脱离，形成相对独立的中国-中东-中亚-非洲贸易社团，塑造了相对稳定的世界能源贸易版图。具体来看，沙特阿拉伯是中国最大的油气进口国，油气进口量超过5000万吨油当量；其次为俄罗斯和安哥拉，进口量分别为4270万吨油当量和3870万吨油当量；从伊拉克、阿曼和伊朗的进口量也均超过了2500万吨油当量。另外，土库曼斯坦、委内瑞拉、科威特、巴西、阿联酋、澳大利亚、哥伦比亚和苏丹均为中国重要的油气进口国。这些国家共同构成了中国的世界油气贸易版图的重要节点。

总体而言，油气进口的多元化是中国世界油气贸易版图拓展的重要特征。中国一直致力于多元化战略，油气进口来源国数量不断增多，多元化程度不断加深。但油气资源的全球地理分布格局导致中国油气进口来源地集中程度仍然较高，且多以高地缘政治风险的国家为主，部分国家稳定供应前景堪忧，一旦遇到重大地缘政治事件，或将直接威胁海外能源的供应安全。尤其是伊朗、伊拉克等国家地缘政治极不稳定，受美国等国家干扰和控制程度较高；中亚地区、苏丹、委内瑞拉、安哥拉国内局势动荡，面临政权交接风险，可能因经济崩溃而导致对中国的能源供应不稳定；澳大利亚等国对华政策不稳定，不排除双方在天然气出口中的贸易摩擦影响中国天然气的稳定供应。

第六节　本章小结

本章运用复杂网络分析方法，从整体格局出发研究了国际能源贸易网络的演化特征，并重点从供给与需求两方面分析了贸易社团演化、供需大国间的首位联系以及权力结构。

20世纪90年代以来，世界能源贸易关系不断趋于复杂化。近年来，能源贸易主体数量基本保持稳定，当前占世界总数近80%的国家或地区均参与了能源贸易；国际能源贸易网络同时具有小世界特性与无标度特性。

国际能源贸易网络存在三大社团，分别是以美国为首的贸易社团、欧洲-东欧国家贸易社团和东亚-东南亚贸易社团。地理距离、制度差异、历史文化及政治关系等是形成贸易社团的重要原因。贸易社团内，核心国家间的贸易依赖存在非对称性，能源需求国进口来源的多元化现象更为突出，东亚、东南亚市场是供给国共同争夺的对象。

世界能源的进出口格局和权力结构已发生重塑，能源的出口重心逐渐由东亚、中东、澳大利亚转向了东欧、中东、北美等地区，进口重心由东亚、西欧、澳大利亚向北美、东亚和西欧转移。中国逐渐从全球能源贸易网络的边缘向核心转移，能源权力不断提升，但同时也面临着较高的地缘风险。

第五章 能源资源贸易网络的演化机制

识别影响网络形成与演化的关键因素，明确这些因素对能源贸易网络的影响程度及作用机制，是确保网络链接的稳定性与保障能源安全的前提，同时也对能源网络的完善、效率的提升及组织目标的实现等具有重要作用。从复杂网络研究的一般方法论来看，网络的形成及演化，必然是行为主体属性、环境特征以及网络结构特性等不同层次和维度的多因素共同作用的结果。那么，对于能源贸易网络而言，在众多影响其运行的因素中，哪些才是关键影响因素呢？本章对此进行了实证研究。

需要说明的是，考虑到影响能源贸易网络的因素既有内部因素，也有外部因素，探究能源网络形成与演化的影响机制，必须在一定的边界条件内进行。"一带一路"沿线国家是中国主要的油气来源地，基于中国能源对外依存的实际情况与研究调研的实际情况，在综合考虑项目支撑、数据可获得性和调研国家的安全性等多种因素后，选择以"一带一路"沿线国家的石油贸易网络为例，采用指数随机图模型，探索能源贸易网络结构演化的影响因素与作用机制。

第一节 能源资源贸易网络

一 "一带一路"中的能源贸易网络

在"一带一路"沿线国家中，油气生产国与作为世界最大油气消费国的中国形成了"一带一路"能源网络的重要价值链。考虑到"一带一路"是一个具有全球包容性、开放型的国际合作倡议，没有精确的空间范围，参与国家数在不同年份也不固定。为便于研究，本书参考外交部等最初对"一带一路"沿线国家地区范围的界定，选取了含中国在内的 65 个国家①作为研究对象。从供需格局与产消关系视角观察，"一带一路"沿线国家中主要能源生产国的石油储量占世界石油储量的 56.8%，石油生产量占世界的 51.7%，天然气储量占世界的 77.8%，天然气生产量占世界的 46.1%，在世界油气资源供给中占有极为重要的地位。②"一带一路"沿线国家是中国这一全球能源消费最大国的主要油气资源来源地，中国石油进口量的 66% 和天然气进口量的 86% 均来源于此。因此，以"一带一路"沿线国家的能源贸易网络，尤其是石油贸易网络作为研究对象，具有非常鲜明的典型性。

二 数据来源与处理

本章主要选取"一带一路"沿线国家的石油贸易数据构建有向加权的能源网络，从全局视角考察 1990~2016 年能源网络的拓扑图景与结构特征。石油贸易的数据来源于 UN Comtrade 数据库。在"一带一路"沿线国家石油贸易网络形成与演化的影响因素中，经济规模（GDP）以国内生产总值指代，单位为百万美元；产业结构（IS）采用各国第二产业与第三产业增加值比值计算；各国的生产率（TFP）以国内不变价计算的全要素生产率指数指代；共建"一带一路"国家所属的法律体系（Law）为类型变量；语言邻近性（Language）和宗教邻近性（Religion）为虚拟变量，当两个国家对应的语言和宗教属性相同时为 1，否则为 0；政治邻近性（Political）以两个国家之间的民主自由度（0~100）之差的绝对值的倒数表示；空间邻近性（Distance）以两个国家间的地理空间距离度量，以千公里为单位。其中，GDP、IS、TFP 数据来源于宾夕法尼亚大学世界数据库（Penn World Table 9.0）；Law、Language、Religion、Distance 数据来源于 CEPII；Political 数据来源于美国智库 Freedom House。国际贸易协定（Tagreement）以两国间所签订的协定以及参与的国际多边组织的贸易协定的数量度量，数据来源于 CEPII，并根据各国官网进行补充。

---

① 邹嘉龄，刘卫东. 2001~2013 年中国与"一带一路"沿线国家贸易网络分析［J］. 地理科学，2016，36（11）：1629-1636.
② 数据为作者计算。

第二节 能源资源贸易网络研究的模型方法

一 指数随机图模型

指数随机图模型（Exponential Random Graph Models，ERGM）是专门针对网络边的建模工具，能够刻画网络形成的因果关系。ERGM 最初由 Frank 在 1986 年提出，随后在 Snijders、Robins、Goodreau 和 Wang 等众多学者的补充、完善与推介下，模型方法趋于成熟并逐渐成为复杂网络研究的前沿成果与热点方法。与传统回归分析方法相比，ERGM 在剖析网络结构效应时打破了传统回归模型中网络边连接的独立性假设。而且，ERGM 能够将网络内生结构因素（边、三角结构、星形结构等）和节点属性（经济发展、产业结构、法律体系等国家特征）及网络协变量（政治制度、文化及宗教等邻近性）等外生变量一并纳入网络中进行分析。此外，ERGM 分析经过估计、诊断、仿真、比较和改进等步骤可检验哪些因素显著影响了网络的生成与演化，并采用马尔可夫链蒙特卡罗似然估计法对结果进行估计检验。本章 ERGM 的估计基于 R 编程完成，由于并不是所有的 ERGM 都能够实现收敛，最后根据拟合优度检验和模型简洁化标准确定相关的最优模型。

根据 ERGM，假定一个网络有 N 个节点，$V = \{1, 2, 3, \cdots, n\}$ 表示网络中的节点，$J = \{(i, j): i \in V, i \neq j\}$ 表示网络各节点间所有可能存在的关系。假定一个真实网络 $G = (V, E)$，其中 E 表示网络存在的边，事实上 E 只是 J 的一个子集，即各节点间可能存在的关系集合的一种情况。那么，可以假定一个随机变量 Y 来表示 J 中的元素，如果 $(i, j) \in E$，则 $y_{i,j} = 1$，否则 $y_{i,j} = 0$，从而可以构建随机临近矩阵 $y = [y_{i,j}]$，所有随机临近矩阵构成了网络临近矩阵的可行集 Y。据此，可以用 $Pr(Y = y \mid \theta)$ 来表示在条件 θ 下，y 在可行集 Y 中出现的概率，指数随机图模型的一般形式为：

$$Pr(Y = y \mid \theta) = \left(\frac{1}{k}\right)\exp\left\{\sum_{H} \theta_H^T g_H(y)\right\} \qquad (5-1)$$

那么，当随机临近矩阵中某个随机值 $y_{i,j}$ 由 0 切换至 1 时，整个网络结构的变动如公式（5-2）所示，y^c 表示除了 $y_{i,j}$ 以外其余网络，$\Delta[g(y)]_{i,j}$ 表示网络的变动量。可以发现，ERGM 更强调网络中关系与关系的依赖性，即某一关系的出现概率决定了其他关系是否出现。

$$\ln\left[\frac{Pr(y_{i,j=1}|y^c)}{Pr(y_{i,j=0}|y^c)}\right] = \sum_H \theta_H^T \Delta[g(y)]_{i,j} \qquad (5-2)$$

假设 $k(\theta)$ 表示一个标准化常量，H 代表一切可能影响网络形成的因素，一般包括网络内生结构因素 α、主体的属性 β（量化值为 x）以及与该网络相关的其他网络（$\bar{g}$）的影响因素 γ，且 α、β、$\gamma \in H$，因而公式（5-1）可以进一步细化为：

$$Pr(Y=y|\theta) = \left(\frac{1}{k}\right)\exp\left\{\theta_\alpha^T g_\alpha(y) + \theta_\beta^T g_\beta(y,x) + \theta_\gamma^T g_\gamma(y,\bar{g})\right\} \qquad (5-3)$$

二 变量选择

如图 5-1 所示，ERGM 分析中通常包括网络自组织因素、节点属性特征和外生环境因素三类变量，分别反映内生结构效应、行动者-关系效应和外生网络效应。首先，网络的内生结构效应是指，在不涉及国

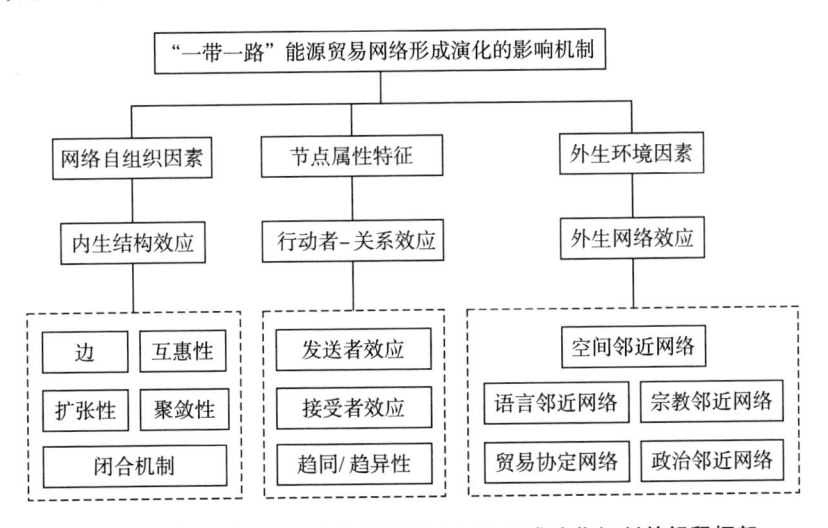

图 5-1 共建"一带一路"能源贸易网络形成演化机制的解释框架

家的政治、经济、文化等特征或其他外生因素的情况下，网络中关系的形成与发展仅仅是因为系统内部其他关系的存在，这种作用通常基于度的效应而发生，在复杂网络中也被称为"偏好依附"（preferential attachment）。偏好依附描述了网络权力如何诱发进一步的权力。偏好依附微观过程的结果是产生少数具有高度中心性的核心国家，以及大量仅有少数贸易关系的边缘国家。偏好依附主要有聚敛和扩张两种类型。在有向网络中，当这种趋势是为了形成传递三角形结构时，则其具有"传递性"，并形成了"网络闭合机制"。

其次，行动者-关系效应则表明节点的属性特征对节点之间关系（链接）的形成具有重要的作用，这些节点的特征属性被称为"行动者属性"，也被称为"行动者-关系效应"，用以表示国家属性特征影响国际能源贸易关系形成的倾向。本章预设的变量如表5-1所示，在国际能源贸易网络中，作为网络节点的国家主体自身的资源禀赋、经济规模、生产率、法律完善性等特征对贸易关系和贸易网络的形成产生了影响。如一国的经济规模越大、生产率水平越高、法律制度越完善，可能其生产所需的能源越多，则该国可能更倾向于进口能源，反之则可能倾向于出口能源。此类主动（或被动）建立能源进口或出口贸易关系的倾向，分别被称为"接受者效应"和"发送者效应"。而在潜在发生贸易关系的双方中，两国的属性异同在贸易网络的形成中也具有影响作用，假如因属性匹配而倾向于形成贸易关系则被称为"同配性"，反之若由于双方属性的差异而形成了贸易关系则被称为"异配性"。

表5-1 节点属性说明

变量	名称	说明	数据来源
GDP	经济规模	单位为百万美元	Penn World Table 9.0
IS	产业结构	第二产业与第三产业增加值比值	Penn World Table 9.0
TFP	生产率	全要素生产率指数（国内不变价）	Penn World Table 9.0
Law	法律制度	国家所属的法律体系，类型变量	CEPII

最后，外生网络效应也可能是能源贸易关系与贸易网络形成演化的重要影响因素，用网络协变量进行测算。既有研究表明，石油产消的空间隔离是贸易的前提。在此基础上，地理距离相近的进口国倾向于选择类似的贸易伙伴（Kitamura and Managi，2017），外交关系是影响区域石油贸易的主要因素（Ji et al.，2014）。同理，文化差异、宗教差异、制度差异等也会在一定程度上导致参与能源贸易的主体在获取信息时具有不同的交易成本，进而影响国际能源贸易活动的进行（贺灿飞、杨汝岱，2020）。因此，可通过构建地理邻近性、组织邻近性和语言邻近性等外生关系网络，以检验外生网络因素对共建"一带一路"国家能源贸易网络形成与演化的影响。在网络协变量方面，将空间邻近性、语言邻近性、宗教邻近性（语言和宗教邻近性在一定程度上也可表征文化邻近性）、政治邻近性及国际贸易协定等变量纳入分析（见表5-2）。

表 5-2 网络协变量描述

变量	定义	说明	数据来源
Language	语言邻近性	虚拟变量，当两个国家的对应属性相同时为1，否则为0	CEPII
Religion	宗教邻近性		CEPII
Political	政治邻近性	两个国家之间的民主自由度（0~100）之差的绝对值的倒数	Freedom House
Distance	空间邻近性	地理空间距离，以千公里为单位	CEPII
Tagreement	国际贸易协定	贸易协定的数量	CEPII和各国官网

第三节 能源资源贸易网络实证分析

一 网络结构特征及演化

如图5-2所示，从节点同配性来看，1995~2017年共建"一带一路"国家的能源贸易网络的同配性呈现波动起伏态势，其最小值为2005年的-0.31，最大值为1997年的-0.11。尽管共建"一带一路"国家能源贸易网络的同配性在时间序列上不具有明显的趋势特征，但其系数均为负,说明相同性质的国家之间并不倾向于形成贸易关系,这可能说明国际能源贸易的资源基础和需求的差异,即石油需求国与供给国的贸易合作关系建立在互补机制之上。

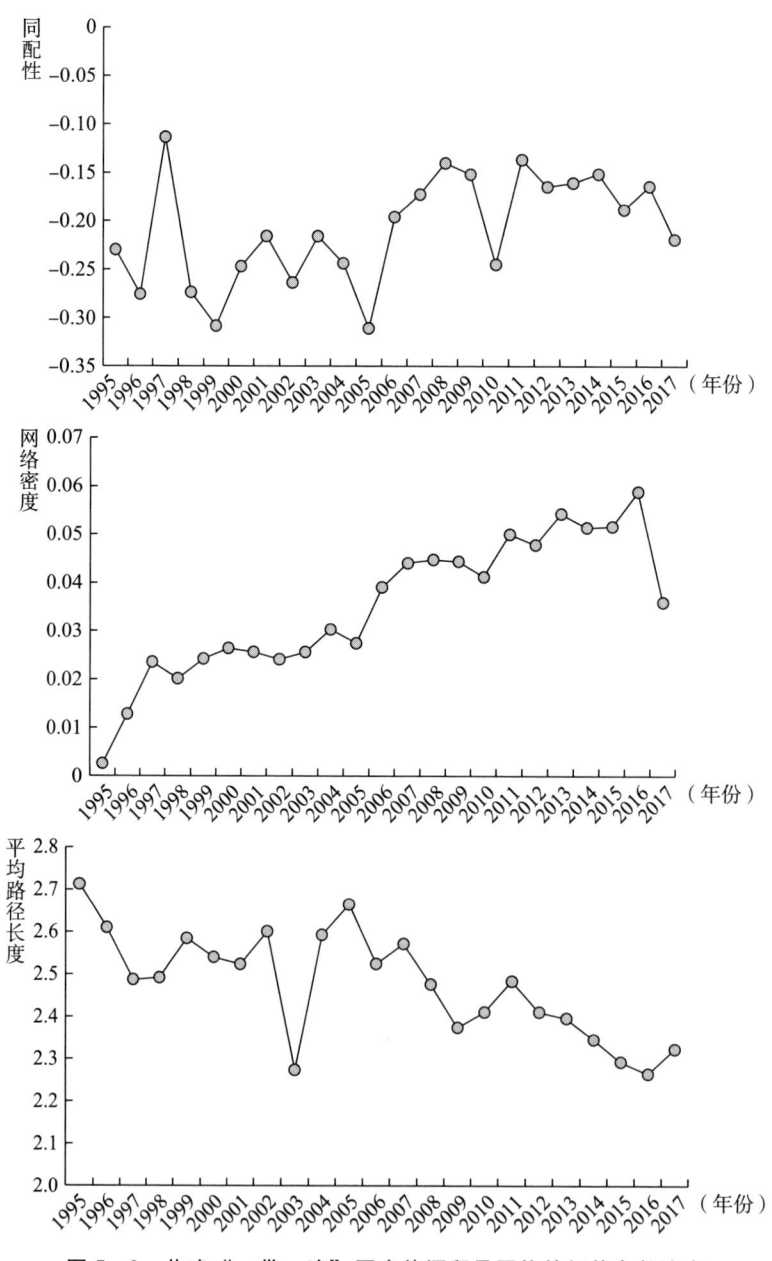

图 5-2 共建"一带一路"国家能源贸易网络的拓扑参数演变

从网络密度与平均路径长度的变化曲线来看（见图5-2），网络密度从1995年的0.003增长至2016年的0.059，而后又回落至2017年的0.036；网络平均路径长度从1995年的2.71下降至2017年的2.32。这意味着，随着贸易网络中进口国与出口国之间合作关系的不断增强，共建"一带一路"国家贸易网络密度增大，网络的最短路径不断缩短，国家节点之间的贸易联系更加紧密。根据Guan等（2016）的研究，共同贸易伙伴是国际石油贸易的结构性联系动机之一，代表了贸易关系的可能性拓展。因而，由于国家倾向于选择既有贸易合作对象的伙伴作为自己的新合作对象，国际能源贸易网络在提升网络密度与缩短平均路径的同时，开始受到闭合机制的影响。

从网络的加权入度和出度的散点图来看（见图5-3），"一带一路"沿线国家能源贸易网络表现出典型的幂律分布特征。通过对比1995年和2017年"一带一路"沿线国家能源贸易网络的加权出入度，发现这种幂律分布是相对稳定的，其在不同的时段内显示的无标度特征不仅是稳健存在的，而且存在明显的强化特征。根据无标度网络的特征可以推断，随着网络的拓展，新的节点优先与既有节点中具有优势的节点进行连接，进而形成了偏好依附。

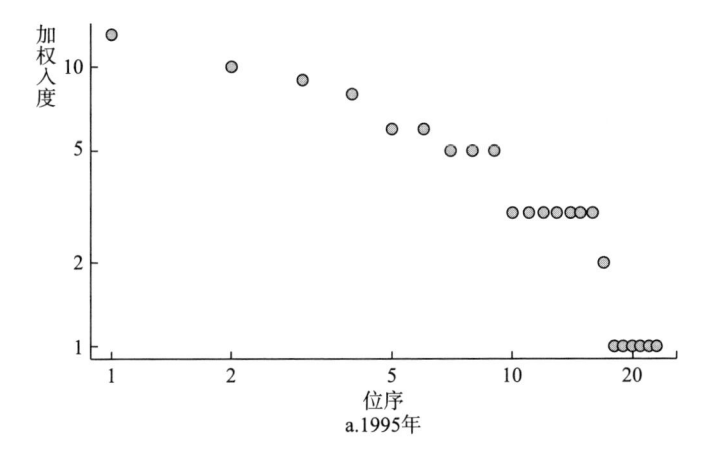

a.1995年

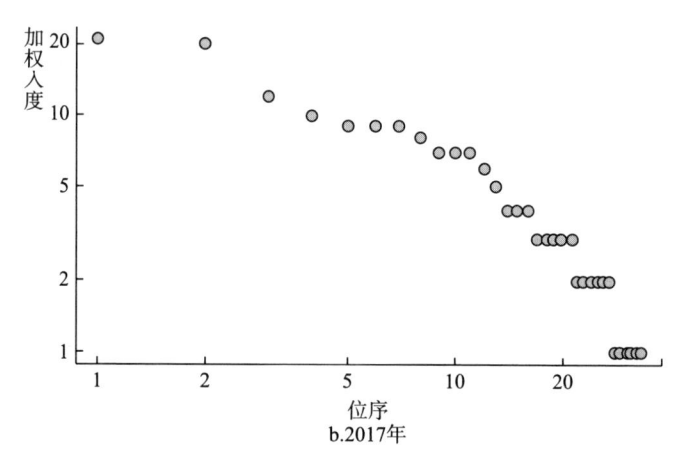

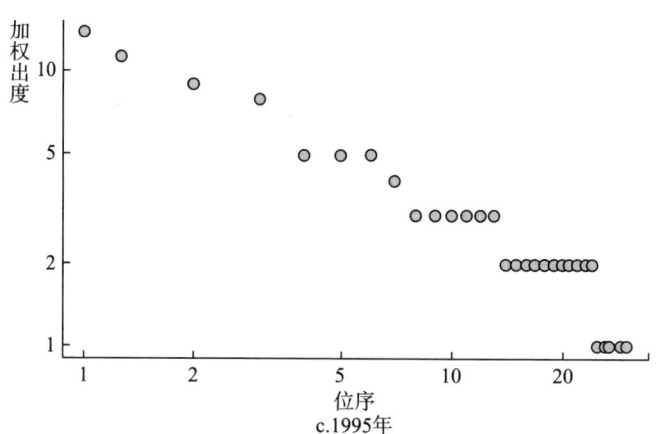

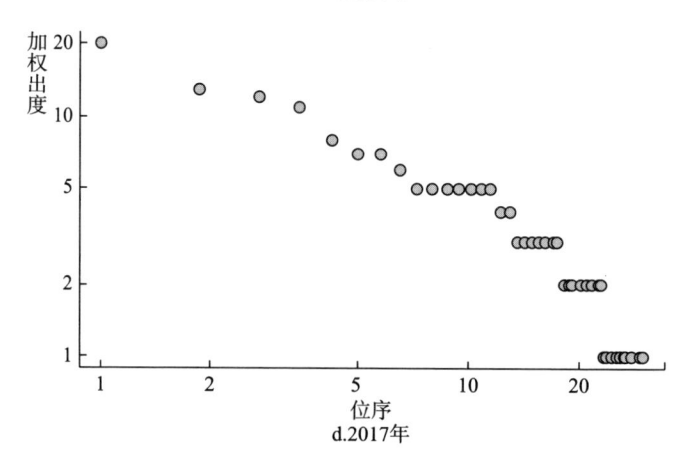

图 5-3　"一带一路"沿线国家能源贸易网络的加权出入度

二 网络形成的影响因素

在网络形成的影响因素研究中,截取1997～2017年为研究时段。由于分析时间段跨越21年,不同因素的作用可能不同,因此有必要选择一个变量组合,以形成最优的拟合模型。为了评估不同模型对石油贸易网络决定因素的拟合程度,对根据ERGM模拟的大量网络进行了拟合图统计量值的比较,并进行了图拟合优度的检验。另外,将变量分为三组,并采用逐步引入、逐组相加的分析策略,以2017年的数据在比较各个模型的AIC和BIC后确定最简约的模型。结果如表5-3所示,可以看到模型7包含了所有相关变量。从初步试验的结果来看,从模型1到模型7,ERGM结果的拟合过程趋于收敛,其中模型7的AIC和BIC分别为260.382和319.809,是所有模型中最小的。因此,将模型7设为最简约的模型,并基于模型7构建观测期内其他年份的ERGM回归模型,分析"一带一路"沿线国家石油贸易网络体系及其演化的决定因素。

(1) 内生结构效应。在现有的研究中,边数($Edges$)和互惠性($Mutual$)一直被视为常数,没有进一步的解释。而本章模型7的结果显示,内生结构变量中的边数和互惠性的系数均为负值,分别为-12.096和-3.472,且均通过了0.001的显著性检验。互惠性反映的是一对国家实现石油贸易接触的概率,这说明石油贸易的基础是出于双向互惠互动。互惠性为负值说明,在1997～2017年的研究期内,如果A国向B国出口石油,那么B国向A国出口石油的可能性就会降低。

(2) 行动者-关系效应。在贸易主体的属性变量方面,变量GDP、IS和TFP在模型7中的系数分别为1.439、0.046和0.088,这三个值均为正值且分别通过了0.05、0.001和0.001的显著性检验。系数显著为正说明上述变量的值越大,对石油贸易越有利。变量GDP、IS和TFP的系数为正且显著,说明一国的经济规模、产业结构、全要素生产率对该国的石油贸易确实有促进作用。变量Law在模型7中的值为0.230,然而在控制了其他因素后,其对石油贸易的影响并没有通过显著性检验。

（3）外生网络效应。从网络协变量的角度可以看到，在模型 7 中 *Language*、*Tagreement* 和 *Political* 的系数分别为 0.865、1.501 和 0.570，且分别通过了 0.01、0.001 和 0.05 的显著性检验。语言邻近、贸易协定和政治制度表现出更显著的系数，表明如果两个经济体有共同语言，或达成区域贸易协定如自由贸易协定，或拥有类似的政治环境，将会有更大的可能实现石油贸易。*Distance* 的系数为 -0.652，距离变量系数与石油贸易呈显著的负相关，说明国家之间的地理距离仍然是石油贸易的障碍。网络协变量 *Religion* 没有通过显著性检验，说明两国是否具有相同的宗教对石油贸易网络的形成并没有显著影响。

表 5-3　ERGM 结果与模型选择

变量		模型 1	模型 2	模型 3	模型 4	模型 5	模型 6	模型 7
内生结构变量	*Edges*	-4.531*** (0.250)			-12.586*** (2.136)	-4.638*** (0.282)		-12.096*** (2.496)
	Mutual	-5.279*** (0.545)			-4.191*** (0.607)	-4.774*** (0.564)		-3.472*** (0.643)
节点属性变量	*GDP*		0.120 (0.682)		1.044* (0.613)		0.362 (0.844)	1.439* (0.798)
	IS		0.065*** (0.011)		0.043*** (0.009)		0.065*** (0.012)	0.046*** (0.011)
	TFP		0.143*** (0.018)		0.074*** (0.018)		0.173*** (0.023)	0.088*** (0.022)
	Law		2.260*** (0.215)		0.064 (0.334)		2.554*** (0.271)	0.230 (0.391)
网络协变量	*Language*			1.647*** (0.358)		1.129*** (0.292)	1.670*** (0.445)	0.865** (0.431)
	Tagreement			2.400*** (0.411)		1.346*** (0.302)	2.824*** (0.467)	1.501*** (0.435)

续表

变量		模型1	模型2	模型3	模型4	模型5	模型6	模型7
网络协变量	*Distance*			-2.824***		-0.351	-1.417***	-0.652*
				(0.204)		(0.278)	(0.422)	(0.365)
	Political			2.059***		0.143	0.576	0.570*
				(0.238)		(0.249)	(0.351)	(0.324)
	Religion			-4.962***		0.160	-1.821**	-0.910
				(0.687)		(0.547)	(0.902)	(0.916)
AIC		365.384	394.231	950.099	291.858	323.745	319.569	260.382
BIC		376.189	415.840	977.011	324.273	361.562	368.191	319.809

注：***、**和*分别代表该数值通过了0.001、0.01和0.05的显著性检验；括号内为标准误。

三 网络演化的影响因素

在网络形成影响因素研究的基础上，利用模型7研究了1997~2017年"一带一路"沿线国家石油贸易网络演化的影响因素。除了之前对2017年的分析外，本节将其他年份分为5组，分别是1997~2000年、2001~2004年、2005~2008年、2009~2012年和2013~2016年。对于每组数据，将4年的贸易数据相加，并汇总为解释变量，以分析影响石油贸易演变的因素，结果如表5-4所示。

表5-4 ERGM模型计算结果

变量		1997~2000年 (1)	2001~2004年 (2)	2005~2008年 (3)	2009~2012年 (4)	2013~2016年 (5)
内生结构变量	*Edges*	-29.186***	-31.706***	-13.900***	-8.391***	-11.187***
		(8.427)	(10.019)	(2.749)	(2.607)	(2.564)
	Mutual	-1.241	-2.270*	-3.994***	-5.087***	-4.303***
		(1.307)	(1.286)	(0.734)	(0.717)	(0.734)

续表

变量		1997~2000年 (1)	2001~2004年 (2)	2005~2008年 (3)	2009~2012年 (4)	2013~2016年 (5)
节点属性变量	GDP	4.854*** (1.798)	3.946** (1.817)	2.229*** (0.773)	0.752*** (0.096)	1.109*** (0.070)
	IS	0.119*** (0.045)	0.099** (0.040)	0.025*** (0.009)	0.0001 (0.010)	0.052*** (0.012)
	TFP	0.047 (0.064)	0.106* (0.059)	0.029 (0.022)	0.050** (0.022)	0.063*** (0.022)
	Law	1.348 (1.152)	1.799* (1.076)	0.545 (0.422)	0.013 (0.425)	-0.111 (0.417)
网络协变量	Language	1.288 (1.192)	1.212 (1.021)	0.770* (0.419)	0.577 (0.426)	0.803* (0.465)
	Tagreement	3.527* (1.800)	4.127* (2.255)	1.749*** (0.448)	1.726*** (0.431)	1.722*** (0.460)
	Distance	-3.711** (1.834)	-4.194* (2.389)	-1.043** (0.432)	-0.891** (0.379)	-0.755** (0.373)
	Political	0.110 (0.215)	1.211 (1.067)	0.149*** (0.097)	0.236*** (0.046)	0.280*** (0.068)
	Religion	-1.121 (2.510)	1.586 (2.336)	-0.404 (0.943)	-0.694 (0.794)	-0.944 (1.070)
AIC		86.212	76.376	228.361	247.866	219.526
BIC		145.639	135.803	287.788	307.293	278.953

注：***、**和*分别代表该值通过0.001、0.01和0.05的显著性检验；括号内为标准误。

从演化视角来看，根据影响因素的作用可以将其分为三组。第一组是一直为负值且大多年份统计显著的因素 Edges、Mutual、Distance，以及一直为正值且大多年份统计显著的因素 GDP、IS 和 Tagreement。Edges 为负值且在统计上显著，说明建立并维持能源贸易网络关系需要付出成本，所以能源贸易关系并不是由随机过程产生的。Mutual 为负值且通过显著性检验，表明互惠性链接过程在能源贸易网络形成演化过程中发挥着重要作用，国家之间的资源依赖是相互的，一国在向贸易对象输送能源资源的同时也倾向于接收该国发出的（其他）贸易关系。网络内生变量和部分节点协变量的影响是稳定的，因为从国家之间经济规模、贸易协定和地理距离方面的差异来看，两国之间的经济规模差异越大、签订了贸易协定以及地理距离越近，则其进行石油贸易的可能性越大。从经济原理上来说，之所以产生这样的结果，是因为贸易协定与缩短距离发挥作用的本质是降低交易成本。

第二组是系数不具有统计显著性或在开始年份系数相对较小，但在观察期结束后开始表现出较好的显著性或绝对值较大的变量，包括 *TFP* 和 *Political*。这说明，随着时间的推移和石油贸易的发展，上述两个因素越来越重要。特别是国家之间的政治邻近性正在发挥越来越重要的作用。政治越相似，两国间的石油贸易就越好。

最后一组包括法律（*Law*）和宗教（*Religion*）等，这些变量的系数在大多数年份是不显著的。结果显示，法律和宗教信仰并不是影响21世纪石油贸易的主要因素。也就是说，国家之间的宗教和法律制度差异并不会阻碍国家之间的石油贸易，这从侧面进一步反映了经济全球化的结果。

四 网络的形成演化机制

综合上述分析，可将国际能源贸易网络的形成演化机制进行总结，如图5-4所示。

互惠链接是网络形成的基础，经济规模差异是网络形成演化的前提条件之一。同配性为负说明相同性质的国家之间并不倾向于形成贸易关系，反映了国家之间能源贸易的资源基础和需求差异，即石油需求国与供给国的贸易合作关系建立在互补机制之上。互惠性的结果也佐证了这一点。互惠性反映的是一对国家实现石油贸易接触的概率。互惠性链接过程在能源贸易网络形成演化过程中发挥着重要作用，国家之间的资源依赖是相互的，一国在向贸易对象输送能源资源的同时也倾向于接收该国发出的（其他）贸易关系。而两国之间的经济规模差异越大，其产生互惠性的可能性就越大，因此经济规模差异是贸易网络建立的前提。

语言邻近和制度邻近可以降低贸易双方的沟通成本，地理邻近和签订贸易协定有利于降低交易成本，它们是促进网络关系形成的重要因素。两个经济体有共同语言，或达成区域贸易协定如自由贸易协定，或拥有类似的政治环境，将会有更大的可能实现石油贸易。签订了贸易协定以及地理距离越近的国家之间，其进行石油贸易的可能性越大。从经济原理上来说，之所以产生这样的结果，是因为贸易协定与缩短距离发挥作用的本质是降低交易成本。

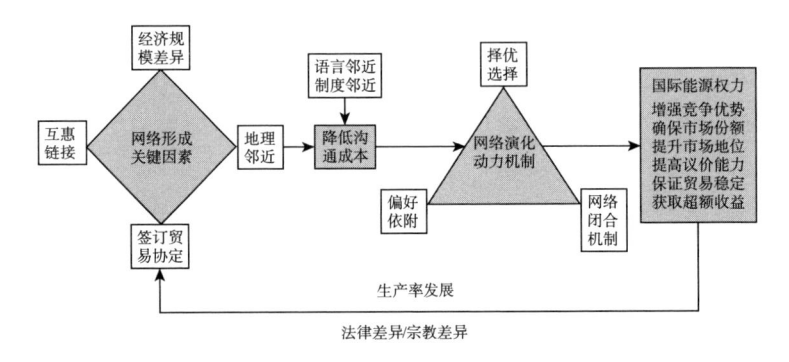

图 5-4 能源贸易网络形成演化机制总结

在偏好依附、择优选择和网络闭合机制作用下，贸易网络形成后便会发生演化。"一带一路"沿线国家能源贸易网络稳定且随时间不断增强的幂律分布特征说明，随着网络的拓展，新的节点优先与既有节点中具有优势的节点进行连接，进而形成了偏好依附。随着贸易网络中进口国与出口国之间合作关系的不断增强，网络密度增大、最短路径不断缩短，国家节点之间的贸易联系更加紧密。而由于偏好依附，国家间倾向于选择既有贸易合作对象的伙伴作为自己的新合作对象，能源贸易网络在提升网络密度与缩短平均路径的同时，就会开始受到闭合机制的影响。而在一定阶段，网络中国家节点的能源权力越大，越有利于增强竞争优势、确保市场份额、提升市场地位、提高议价能力、保证贸易稳定、获取超额收益等，进而形成反馈作用以促进能源贸易网络的持续演化。

第四节 本章小结

石油作为一种重要的原材料和大宗商品，其本身的商品复杂性并不高，所以其双边贸易的主要作用因素更加原始。本章用复杂网络分析方法构建了"一带一路"沿线国家的石油贸易网络，在考察网络拓扑结构的基础上，采用指数随机图模型（ERGM）从内生结构效应、行动者-关系效应和外生网络效应三个方面剖析了"一带一路"沿线国家石油贸易网络形成演化的影响因素和机制。

1995~2017 年"一带一路"沿线国家的能源贸易网络的同配性呈现波动起伏态势，其最小值为 2005 年的 -0.31，最大值为 1997 年的 -0.11；网络密度从 1995 年的 0.003 增长至 2016 年的 0.059，而后又回落至 2017 年的 0.036；网络平均路径长度从 1995 年的 2.71 下降至 2017 年的 2.32。出入度散点图表明，能源贸易网络表现出典型的幂律分布特征，在不同的时段内网络无标度特征不仅是稳健存在的，而且还存在明显的强化特征。

在网络形成的影响因素方面，石油贸易的基础是出于双向互惠互动，而语言、贸易协定和政治制度的邻近性有利于形成石油贸易，且经济发展与贸易协定对贸易网络演化同样具有重要作用。值得注意的是，政治制度邻近性在石油贸易中日益增大的影响不可忽视。尽管距离摩擦依然存在，但法律与宗教已然不是石油贸易的障碍。

在网络形成演化的机制上，互惠链接是网络形成的基础，经济规模差异是网络形成演化的前提条件之一。语言邻近和制度邻近可以降低贸易双方的沟通成本，地理邻近和签订贸易协定有利于降低交易成本，它们是促进网络关系形成的重要因素。在偏好依附、择优选择和网络闭合机制作用下，贸易网络形成后便会发生演化。在一定阶段，网络中国家节点的能源权力越大，越有利于形成多种优势，进而形成反馈作用以促进能源贸易网络的持续演化。

第六章　能源资产贸易网络结构组织

资产收购是能源企业应对市场竞争和实现资产控制的重要战略措施。通过资产收购，标的资产（如油田区块、石油公司等）的控制权随之转移，继而能源主体可以利用资产控制权实现资源的重新配置，从而使得跨国能源企业在国际能源市场中占据更加有利的地位和获取更加丰厚的收益。中亚地区扼守欧亚大陆"心脏"，且具有丰富的能源储藏，因而其能源地缘战略地位十分突出，一直都是世界主要政治力量和国际资本激烈争夺的"舞台"。另外，中亚地区与中国唇齿相依，是丝绸之路经济带建设的核心区，是距离中国最近、最安全的油气资源保障区与重要的海外能源供应基地。随着丝绸之路经济带建设的逐步深化，中亚地区的战略重要性不断凸显。

为此，在综合考虑项目支撑和数据可获得性等多种因素后，本章以中亚地区为例，采用复杂网络分析方法分析了中亚五国范围内跨国能源资产贸易的整体特征、发展演化历史与现状、局部特征与社团结构、个体特征与国家地位等，并结合国际产业分工、资源要素禀赋、地理空间位置、制度文化距离等国家特征属性，探索呈现中亚国家能源资产贸易网络的组织模式及其演化成因。本章研究有助于深刻认识中国在中亚地区开展的油气开发投资，并深刻理解双方油气贸易合作机制与模式，可为提高中国在中亚地区的油气投资效益与保障国家能源安全提供科学支撑。

第一节　数据来源与分析框架

一　数据来源

中亚地区地处欧亚大陆中部，有广义与狭义之分，狭义的中亚地区是指由哈萨克斯坦、乌兹别克斯坦、吉尔吉斯斯坦、塔吉克斯坦和土库曼斯坦等5国组成的疆域范围，而广义的中亚地区在中亚五国的基础上还包括了周边的阿富汗、伊朗等国家。本章所言的中亚地区是狭义的中亚地区，即由中亚五国组成的疆域范围。

由于中亚地区位于欧亚大陆的中心地带，其在世界能源资产格局中处于极其重要的战略位置，加之相对稳定的政治生态以及近年来不断加速的经济改革开放进程，中亚地区正成为全球资本角逐的新舞台。据不完全统计，来自欧美和东亚的十多个国家/地区的跨国能源公司已聚集于中亚，开展着石油勘探开发、原油提炼、销售等业务（杨宇等，2015）。

中亚地区能源资产的贸易数据来源于 Emerging Markets Information Service（EMIS）的 DealWatch 数据库。DealWatch 数据库提供了涵盖欧洲、亚太、中东、北非和美洲等80多个国家和地区的上市公司和部分非上市公司的分析报告，提供了可供比较的财务报表与统计数据等，是研究企业资产收购的权威数据来源之一。

第一，根据国际标准产业分类，从收购交易记录中筛选出发生在中亚五国范围内的交易。第二，从这些交易中筛选出所属行业为能源部门的记录，涵盖的能源类产业主要有石油和天然气的开采、精炼石油产业的制造、石油及其制品的批发、煤炭开采和电力开发等。第三，对于同一笔交易涉及多个买方或标的方的情形，将其拆分为多笔交易。第四，根据卖方持股比重，筛选出股份大于50.1%的交易记录（见图6-1）。这么做的目的是，其一，相比于总体收购金额，国与国（企业与企业）之间成功缔约的收购频次更能反映国与国（企业与企业）之间经贸合作关系的一般状况；其二，一般来说，卖方对标的公司的持有股份大于50.1%，意味着控制权将随着此次收购交易的成功而转移。需要说明的是，以哈萨克斯坦为首的中亚国家直到2002年才完全拥有能源工业。因此，本章的研究时间段选定为2002~2016年。根据上述样本选择流程，共得到中亚地区能源资产收购交易111笔，不完全统计的交易额超350亿美元。

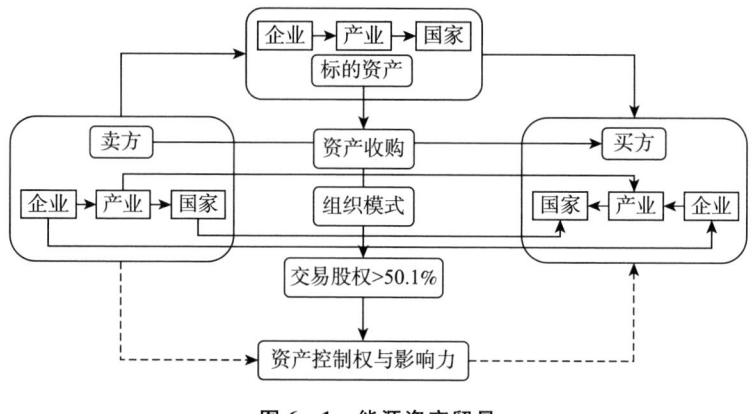

图 6-1 能源资产贸易

二 分析框架

由于能源资源的稀缺性、区位的固定性和自然地域的嵌入性，能源部门往往具有独特的产业格局和发展路径。特别是石油和天然气产业是典型的生产者驱动产业，这是私有化的跨国公司和国有企业联合发展的结果（Bridge，2008；Bridge and Bradshaw，2017）。因此，资产收购往往成为母国进入东道国能源市场和避免因能源的战略敏感性和主权属性而引起的冲突的有力战略（Gopal et al.，2018）。收购的本质是买方旨在获得战略机会，发挥协同作用，扩大经济范围。这些目标的实现通常是通过获得目标资产的所有权（张维、齐安甜，2002；邱灵、方创琳，2012）。同时，随着收购交易的完成，权力将从卖方转移到买方，从而导致网络结构的转变。换句话说，收购网络是建立在资源、资本和国家与企业之间控制权的持续转移的基础之上的（Dunning and Lundan，2008）。处于网络的中心地位将有助于一国成为新兴的区域/全球能源强国。

本章的分析框架如图 6-2 所示。具体而言，可以理解为能源跨国资产贸易的成功与否，取决于在特定约束下的动态讨价还价过程（Moran，2014）。讨价还价的双方都有一定的"权力资源"，这是双方讨价还价的基础（Dicken，2007）。动态讨价还价中"权力资源"的基本要

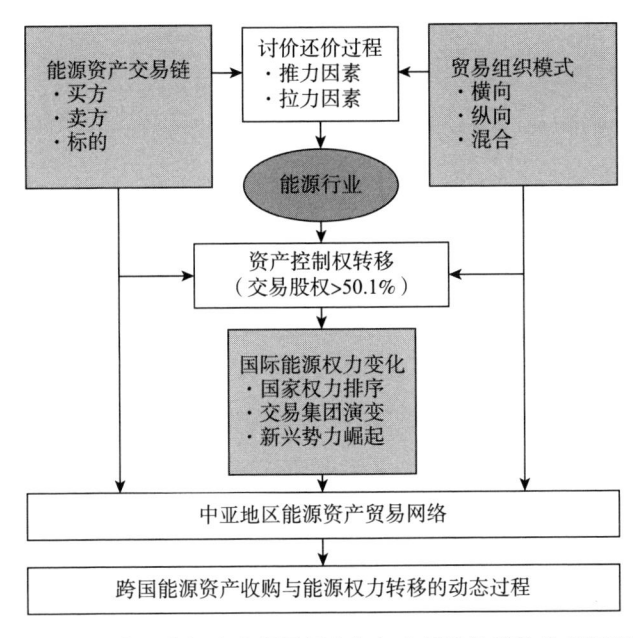

图 6-2　中亚能源资产贸易网络与权力国际转移的分析框架

素主要是由企业、行业和国家之间的互动产生的。从推拉理论看，推动跨国能源资产贸易发生的因素包括母国的战略动机、产业集聚和全球竞争的特点，拉力因素一般包含东道国的相对需求强度（能源或市场的稀缺性）、税收政策、政治生态、国际关系与投资协定等。在拉力和推力因素的互动作用下，许多国家和企业参与了能源资产贸易网络。从企业/产业空间组织角度来看，企业控制权的自我集聚和强化是资产收购诱发条件要素在空间非均衡分布的结果（Green，1990）。根据投资诱发因素组合理论，直接诱发因素是触发企业对外投资的基本动机，包括获取资本、劳动力、技术、管理和信息（Kangueehi，2015）。然而，这些因素并不总是均匀地分布在空间中，反而是集聚于少数地区。从"流空间"的视角来看，资产收购过程是投资诱发因素从局部流动到跨国流动的结果（Castells，1999，2010）。在要素流动和重组过程中，国家/行业/企业的网络连接有利于要素的集聚。而认知、组织、行业和社会系统的不均衡分布将对企业资产收购活动的动态过程产生重要影响，并导致收购合作的不对称（Grote and Umber，2006；Ellwanger and Boschma, 2015; Boschma et al., 2016; Guardo et al., 2016）。此外，跨国能源资产贸易的发生也与国际关系的距离（Reddy and Xie, 2017; Xie et al., 2017）和市场动态（Prince and Simon, 2017; Bonanno et al., 2018; Bimpikis et al., 2019）有关。

第二节 中亚能源资产贸易网络的结构特征及演变

如图 6-3 所示，在本章的网络研究中，以参与能源资产交易的国家/地区为节点，以国家/地区之间的资产交易关系为边，以买卖方向为边的方向，构建了中亚能源资产贸易的有向网络。在具体分析中，采用从整体到个体的逻辑，研究中亚能源资产贸易网络及其演化的结构特征、组织模式、影响因素和形成机制。

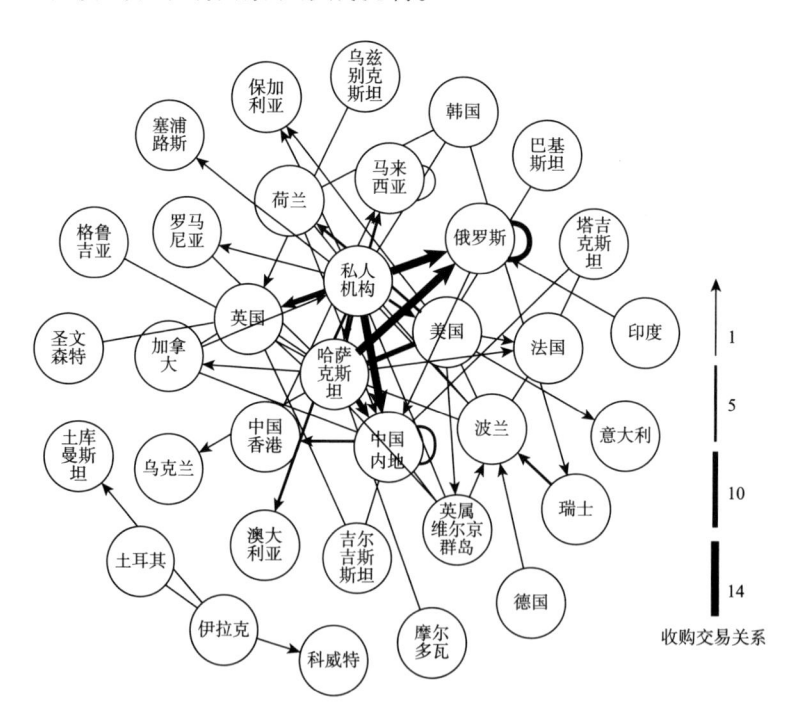

图 6-3 中亚能源资产贸易网络

一 网络整体特征演变

2008年发生的国际金融危机对世界范围内的资产交易及跨国投资活动均产生了深远影响,由于能源资产是国际资产交易的主要组成,所以其受到的影响尤为显著(Gopal et al.,2018)。从参与中亚能源资产贸易的国家数量、交易量以及网络稳定性的变化趋势来看(见图6-4、图6-5),这些指标在2008年前后呈现出不同的特征,因此可以断定中亚市场的能源资产交易同样受到了2008年国际金融危机的强烈影响,从而可以将整个分析过程分为较为明显的三个阶段:2002~2007年为金融危机前阶段,2008~2011年为危机高峰期阶段,2012~2016年是金融危机后阶段。从不同阶段的网络稳定性指标的变化情况来看,在金融危机前,网络稳定性指标在2003~2004年达到峰值,为0.67;但在2008年的金融危机开始后,其值下降到最低值0.25。这说明,在金融危机高峰时期,能源资产贸易关系数量呈现波动下降的趋势,导致参与中亚能源资产交易的国家数量变少。2011年以来,由于东亚和东南亚国家/地区逐渐进入中亚市场,中亚能源资产贸易网络的稳定性开始增强,并在2011~2014年连续增加。此后,可能受到逆全球化潮流与国际油价波动的剧烈影响,全球包括中亚市场在内的能源资产贸易均处于低迷状态。

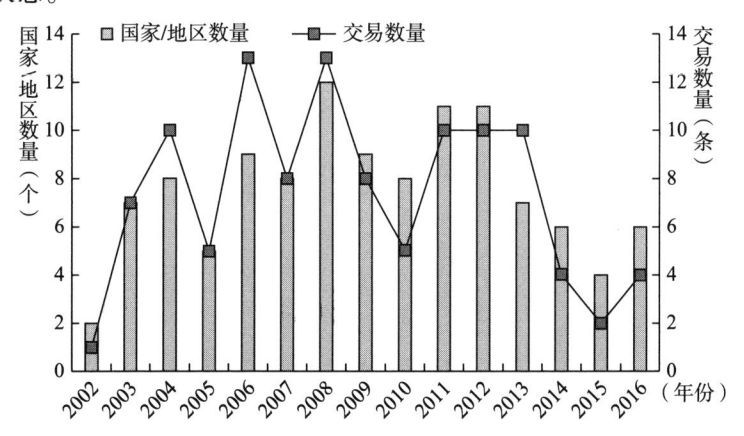

图6-4 参与中亚能源资产贸易的国家/地区与交易数量演变

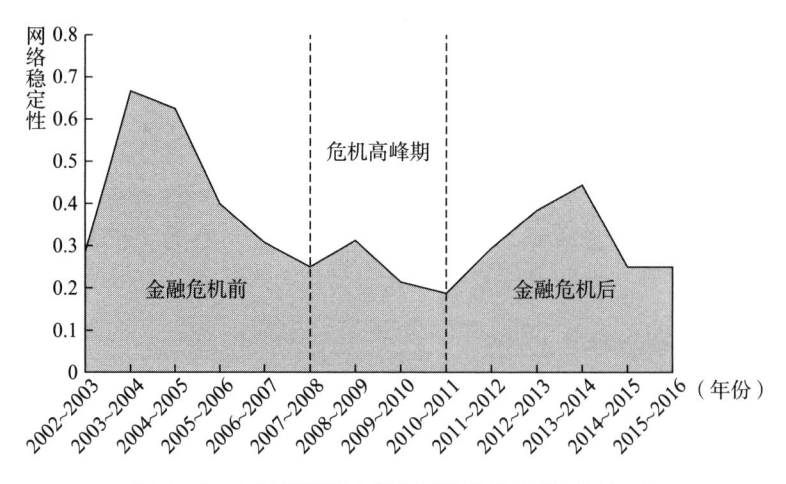

图 6-5 中亚能源资产贸易网络的稳定性系数演变

为进一步刻画中亚能源资产贸易网络中各国之间的联系程度，引入复杂网络分析中常用的平均路径长度、聚集系数和网络密度等 3 个关键指标。一般来说，网络密度的值越大，说明网络等级越高；平均路径长度越短、聚集系数越大，说明整个网络中的国家节点越凝聚，网络的聚集程度越高。这意味着整体网络中各个节点的联通效率越高，说明国家/地区之间克服国（地区）别障碍、实现交易活动更为顺畅。通过观察不同时段这 3 个关键指标的变化，可以比较中亚能源资产贸易网络的整体状况及其动态演化。

从表 6-1 中可以看到，整体而言，平均路径长度、聚集系数和网络密度这 3 个网络指标的最大值均出现在 2008 年国际金融危机前阶段；危机高峰期和 2008 年国际金融危机后两个阶段的网络指标有很大的相似性，但相比于 2008 年国际金融危机前均呈现下降特征。这意味着中亚能源资产贸易网络的复杂性下降，主要是由于 2008 年国际金融危机的影响。在 2008 年国际金融危机前，中亚能源资产贸易网络的平均路径长度、网络聚集系数和网络密度分别为 1.820、0.150 和 0.124，由于该阶段参与中亚能源市场的国家/地区较少，资产交易活动的实现程度较高，网络的市场集中度和联通效率都很高。在危机高峰时期，中亚能源资产贸易网络的平均路径长度、聚集系数和网络密度分别为 1.790、

0.062 和 0.065，相比金融危机前阶段，3 个网络指标的值均有所下降。因此，危机高峰期的中亚能源资产贸易网络比金融危机前表现得更为松散，其聚集程度和网络效率有所下降。金融危机后，中亚能源资产贸易网络的平均路径长度和网络密度有所回升，分别增至 1.792 和 0.066，但网络的聚集系数则持续下降。这说明在这一阶段，中亚能源资产贸易网络经历了再次重塑。

表 6-1　中亚能源资产贸易网络的指标变化

阶段（时间）	平均路径长度	网络聚集系数	网络密度
金融危机前（2002~2007 年）	1.820	0.150	0.124
危机高峰期（2008~2011 年）	1.790	0.062	0.065
金融危机后（2012~2016 年）	1.792	0.048	0.066

二　网络社团结构演变

平均路径长度、聚集系数和网络密度等指标作为显示网络整体特征的指标，只能揭示网络的总体效率状况，却无法更为细致地刻画出不同阶段网络内部的社团特征。通常，参与资产贸易网络的国家/地区之间由于受国际政治、经济、地缘、文化和贸易等因素的影响，会本着"同类"相聚的原则组成一定的集聚团体，即网络社团。社团内部的国家/地区之间的贸易往往更为紧密和频繁，而社团之间的交易与合作则明显较少。使用社团发现的"模块度"算法，发现中亚能源资产贸易网络在 2002~2007 年、2008~2011 年和 2012~2016 年三个阶段被识别出的社团数量分别为 3 个、3 个和 5 个（见图 6-6），同一阶段的同一社团使用同一颜色表示。可以发现，网络社团数量的增加，反映了参与中亚能源开发与资产交易的势力集团的数量在增加，表明了该地区博弈与竞合格局的复杂性在不断抬升。

从社团结构的国家/地区组成来看，2008 年国际金融危机前，哈萨克斯坦、俄罗斯和美国之间的多边合作和竞争是中亚能源权力格局变化的主导因素，而欧盟、韩国、印度、加拿大和马来西亚等也以不同的方

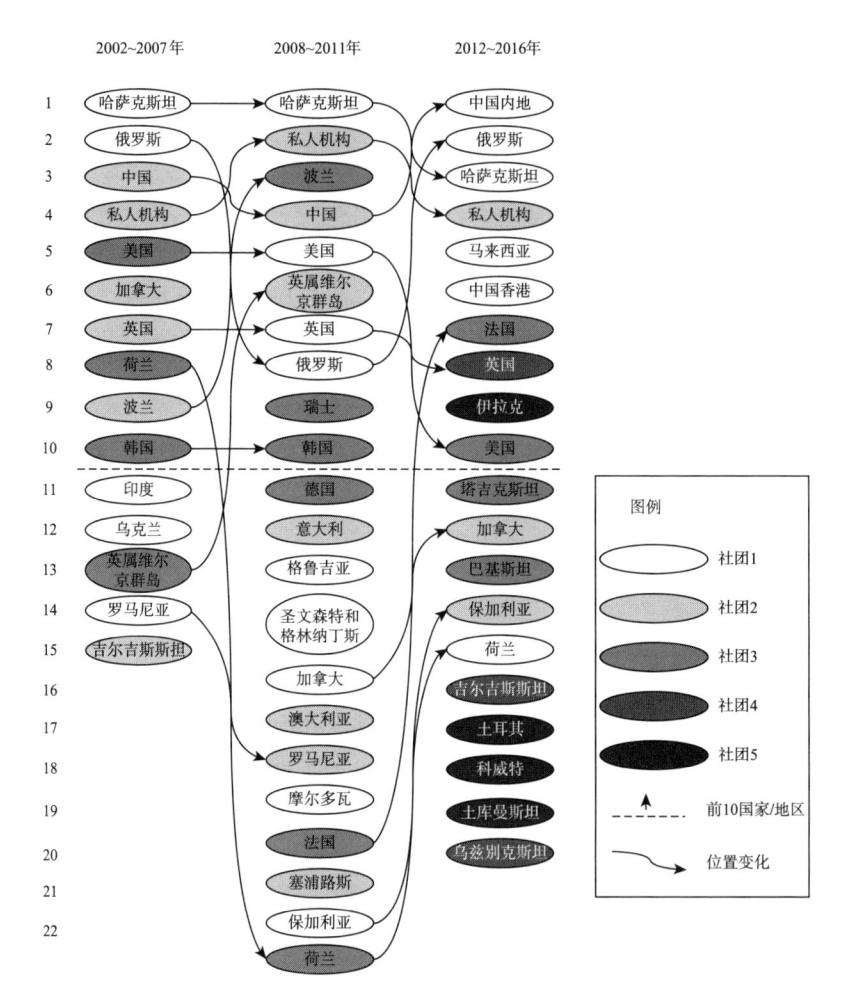

图 6-6 中亚能源资产贸易网络的社团演化

式影响中亚事务。2008 年国际金融危机后，一些新兴市场国家进入中亚，中亚能源资产交易网络的社团结构得到重塑。主要表现在，一方面，中亚国家，如土库曼斯坦、乌兹别克斯坦和吉尔吉斯斯坦试图丰富其能源业务的类型并拓展范围；另一方面，中亚国家开始实施"走出去"策略，如土库曼斯坦和邻国（土耳其和科威特）共同购买了伊拉克油田，从而进入了中东市场。

分阶段来看，2002～2007 年中亚能源资产贸易网络由 3 个社团组成，这些社团内部的国家/地区之间资源整合更加高效，而与之相反，不同社团间的关联与交易则不紧密。具体来看，社团1由哈萨克斯坦、俄罗斯、印度、乌克兰和罗马尼亚等组成，突出表现为地缘和资源开发特征，地缘上主要是中亚内部的哈萨克斯坦、邻近的俄罗斯，以及乌克兰和罗马尼亚的管线项目。社团2由英国、加拿大、波兰、吉尔吉斯斯坦、中国和私人机构组成。加拿大和英国均在油气资源开发上具有悠久的历史。社团3是由美国、荷兰、韩国和英属维尔京群岛等国家和地区组成，是由发达的油气开发强国和资本方组成的。在三个社团中，较为特殊的是，中国与私人机构的资产交易联系较为紧密。在苏联解体后，中亚五国相继实现独立，哈萨克斯坦率先开放能源领域，而后乌兹别克斯坦和吉尔吉斯斯坦等国家逐步跟进。当时，中国仍为能源自给国，对外能源需求较少，故而对国际能源市场的开拓不足。2000年之后，中亚市场已经被中亚内部及周边国家、美国、英国、荷兰等国家开发多年，中国此时开拓中亚市场的难度显然较大。因此，从私人卖家手中购买相对中小型能源企业股份及较为零散的股权，成为中国进入中亚能源开发市场的被动选择之一。

2008~2011年，中亚能源资产贸易网络的国家/地区数量明显增加，但仍然有3个社团被检测出，社团1由哈萨克斯坦、美国、英国、俄罗斯、加拿大等油气开发大国以及圣文森特和格林纳丁斯、格鲁吉亚、保加利亚和摩尔多瓦等组成，社团2由私人机构、中国、英属维尔京群岛、意大利、澳大利亚、罗马尼亚、塞浦路斯等组成，社团3由波兰、瑞士、韩国、德国、法国和荷兰等组成。与金融危机前相比，一方面，参与中亚能源资产贸易的国家的多元化程度大大提升；另一方面，该阶段社团结构与前一阶段的社团结构具有较大差异，交易集团实现了多方面的重组，如原属于社团3的荷兰、英属维尔京群岛与美国实现剥离后重新与欧洲国家结合为新的交易集团。

2012~2016年，中亚能源资产贸易网络的社团结构再次重组，其间共有5个社团被检测出，社团1是由中国内地、俄罗斯、哈萨克斯坦、马来西亚、中国香港和荷兰组成，社团2是由私人机构、加拿大和保加利亚组成，社团3是由法国、美国、塔吉克斯坦和巴基斯坦组成，社团4是由英国、吉尔吉斯斯坦和乌兹别克斯坦组成，社团5是由伊拉克、土耳其、科威特和土库曼斯坦等组成。与第二阶段相比，第三阶段网络的社团结构主要有三大转变：①新兴市场国家/地区进入中亚能源市场的数量和合作深度再次提升，马来西亚等国开始与中亚进行能源业务合作，中国开始由从私人机构转向从其他国家手中购置能源资产；②以英国为主的传统能源开发大国，除了发展中亚传统的能源赋存大国哈萨克斯坦和土库曼斯坦之外，也开始在乌兹别克斯坦、吉尔吉斯斯坦等国家进行能源资产贸易，以丰富其能源业务类型、拓展业务范围；③土库曼斯坦及周边的土耳其和科威特等国家联合购买伊拉克的油田，从而进驻中东市场。

三 核心国家权力变化

对于一个国家而言，由于它在资源禀赋、治理经验、市场体量等方面拥有某种比较优势，那么它就可以比较容易地与网络内越来越多的国家建立资产贸易的合作关系，并随着网络的演化提升在网络中的地位和影响力。网络的度中心性可以用来衡量能源权力的大小，代表了国家/地区在中亚能源资产贸易网络中的地位和作用大小。

如表6-2所示，从不同阶段参与中亚能源资产贸易排名前10的国家/地区的中心地位变化来看，哈萨克斯坦是中亚最强大的能源国家，而俄罗斯和美国在能源资产处置方面发挥着重要作用。东亚国家的重要性正在上升，因为它们正在积极丰富其能源业务。例如，马来西亚开始在能源业务上与中亚国家合作，中国从一开始主要与私人机构合作到逐渐从其他国家购买能源资产的股权。尤其是在2008年国际金融危机后，中国内地在中亚开展能源资产贸易的数量继续增加，因而其能源权力大幅增大，甚至超过了哈萨克斯坦，成为该地区的新兴能源势力。

表 6-2　中亚能源资产贸易网络度中心性排名前 10 的国家/地区

排名	金融危机前 (2002~2007 年) 国家/地区 (ISO3 代码)	度值	危机高峰期 (2008~2011 年) 国家/地区 (ISO3 代码)	度值	金融危机后 (2012~2016 年) 国家/地区 (ISO3 代码)	度值
1	哈萨克斯坦（KAZ）	9	哈萨克斯坦（KAZ）	8	中国内地（CHN）	7
2	俄罗斯（RUS）	7	私人机构（PIS）	8	哈萨克斯坦（KAZ）	5
3	中国（CHN）	7	波兰（POL）	8	俄罗斯（RUS）	5
4	私人机构（PIS）	7	中国（CHN）	5	私人机构（PIS）	4
5	美国（USA）	6	美国（USA）	4	马来西亚（MYS）	4
6	加拿大（CAN）	4	英属维尔京群岛（VGB）	4	中国香港（HKG）	3
7	英国（GBR）	3	英国（GBR）	4	法国（FRA）	3
8	荷兰（NLD）	2	俄罗斯（RUS）	3	英国（GBR）	3
9	波兰（POL）	1	瑞士（CHE）	2	伊拉克（IRQ）	3
10	韩国（KOR）	1	韩国（KOR）	2	美国（USA）	2

如图 6-7 所示，从不同阶段中亚能源资产贸易网络各中心性间的关系来看，出度中心性与度中心性之间的相关系数从金融危机前的 0.692 持续下降到金融危机后的 0.309，表明了出度中心性对度中心性的作用效应呈现出逐渐弱化的趋势。这揭示了一国出售其在中亚的能源资产对提升该国能源权力的作用在逐渐减弱。因此，中亚国家不能仅仅依靠能源资产销售来维持其能源权力，而是需要通过多种途径提升与其他国家在能源事务领域的合作深度，向能源产业链的上下游拓展。与之相反，在这三个时期，度中心性与入度中心性之间的相关系数尽管在危机高峰期有所下降，但整体上是增大的，这表明在中亚地区开展资产收购确实有助于提升一些国家的能源权力。接近中心性与度中心性的相关性在不同阶段均较小，相关系数最大值出现在危机高峰期，但也仅为 0.402，表明其对各国能源权力的影响有限。中介中心性与度中心性的相关性整体较大，相关系数由金融危机前的 0.597 增至金融危机后的 0.630。这表明，中介中心性正成为影响一国能源权力的最重要因素。但同时也可以看到，危机高峰期的中介中心性与度中心性的相关系数也有所回落，降低至 0.490。这可能是因为欧美

国家较早地占领了中亚能源市场,但由于 2008 年国际金融危机,迫使其加速出售其在中亚的能源资产以平衡其整体业绩。

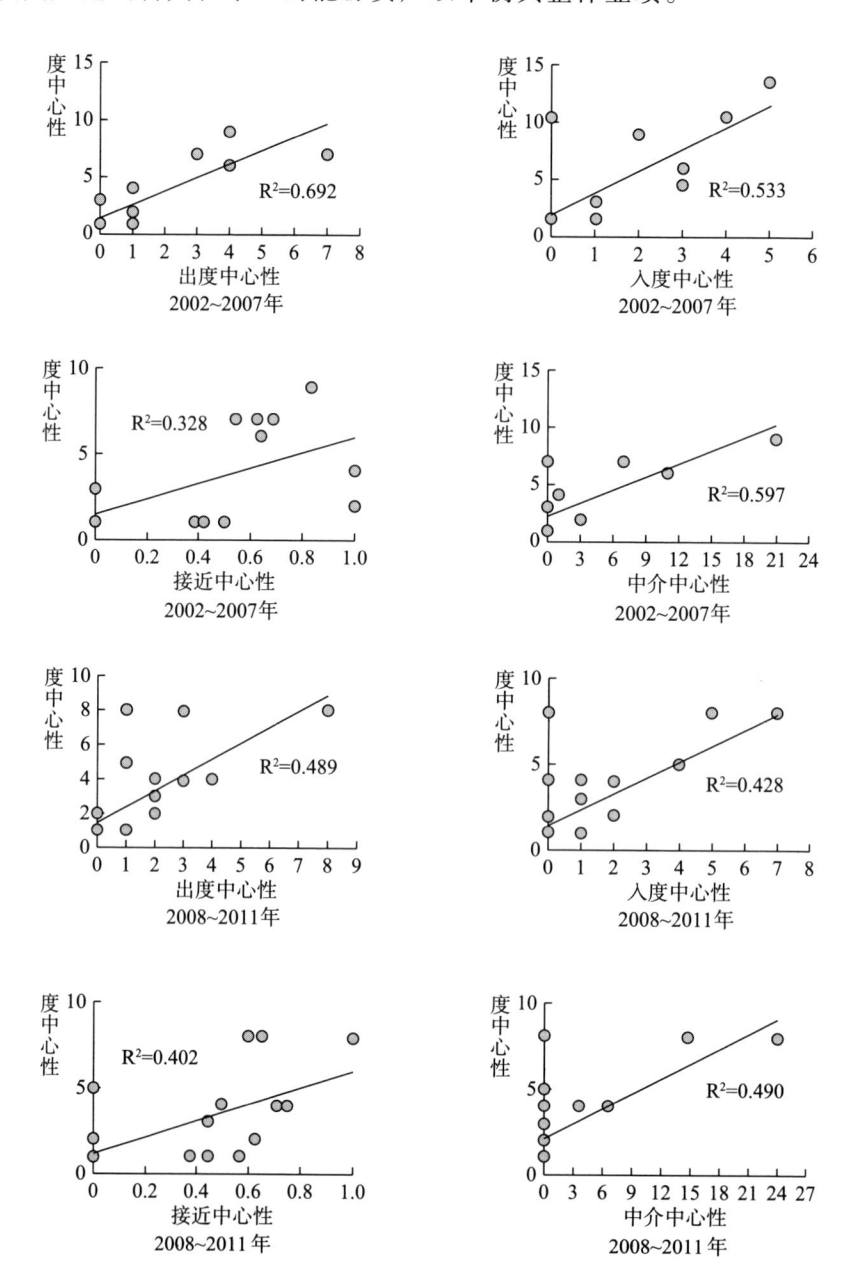

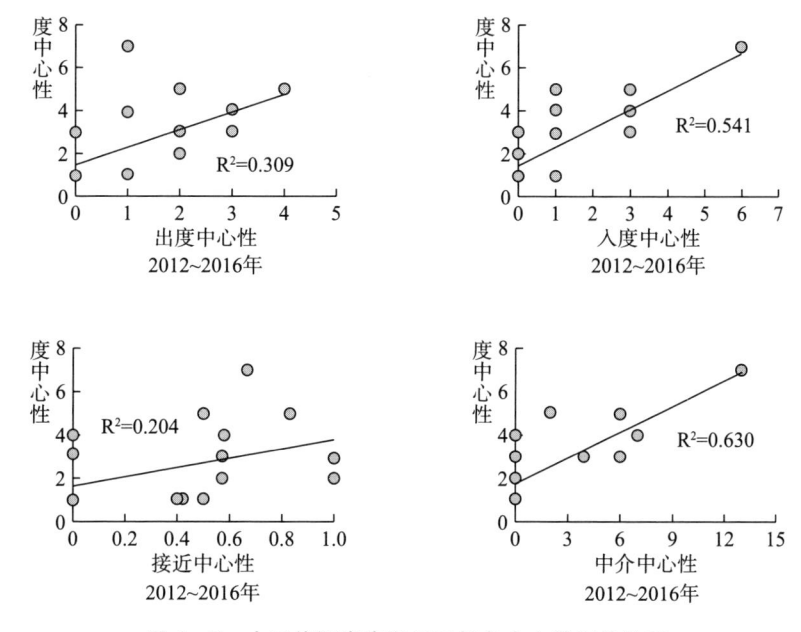

图 6-7 中亚能源资产贸易网络各中心性间的关系

第三节 中亚能源资产贸易网络的组织模式及影响因素

本节对中亚地区历年累计的交易进行了分类梳理和统计，按照产业链上下游关系将其归纳为横向、纵向和混合三种贸易模式。如图 6-8 所示，横向模式指收购发生在同一产业及其子行业内部，纵向模式则主要发生在产业链上下游或有产品联系的产业，混合模式为贸易发生在没有产业内联系及产业链上下游联系的企业之间。在三种不同的模式下，各国参与中亚能源资产贸易的动机和推拉因素各不相同。

一 横向模式

能源资产贸易的横向模式最常见于油气行业内部，特别是石油和天然气的开采行业（211）发生的频率最高。参与横向并购的国家/地区

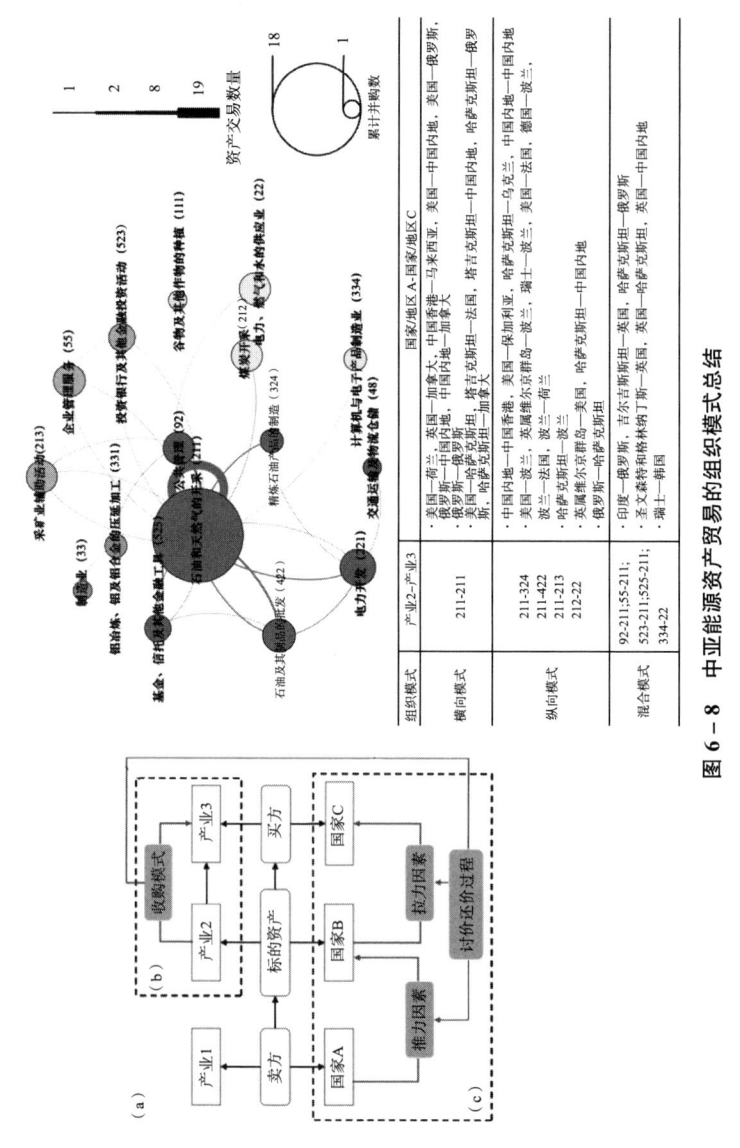

图6-8 中亚能源资产贸易的组织模式总结

可分为两类。一类是中亚国家向其他国家/地区出售资产所形成的国家/地区的组合，这些国家包括美国、法国、中国、俄罗斯和加拿大。从中亚国家的角度来看，主要体现为外国投资的拉动因素，包括税收、政治环境的改善，以及和上述国家/地区之间投资协议的签订。既有研究表明，中亚国家在苏联解体后获得独立，发现本国虽然具有丰富的石油储藏，但缺乏进行石油勘探开发的资本与技术，因此需要借助国际资本（Hosman，2009）。因此，哈萨克斯坦带头开放了能源领域，乌兹别克斯坦和吉尔吉斯斯坦也逐步效仿。不仅如此，哈萨克斯坦还提供了税收激励和不断完善的法律保障，以确保提升中亚能源开发的市场化和国际合作程度。

另一类是非中亚国家/地区在中亚进行能源资产交易。这些国家/地区组合包括英国—加拿大、美国—荷兰、美国—中国内地、美国—俄罗斯、俄罗斯—中国内地、俄罗斯—俄罗斯、中国内地—加拿大和中国香港—马来西亚。追求能源资源、产业集聚、确保全球经济竞争优势、增强市场盈利能力是这些国家/地区在中亚进行能源资产交易的主要动机。例如，欧洲国家，包括荷兰、法国、瑞士、波兰、德国和保加利亚，在推动中亚能源市场开发与获得更大能源贸易权力方面一直发挥着重要作用。

二 纵向模式

纵向模式主要出现在产业链上下游或有产品联系的产业，主要是石油和天然气的开采行业（211）及其子行业，特别是精炼石油产品的制造（324）、石油及其制品的批发（422）。虽然纵向模式的发生次数不如横向模式多，但参与纵向模式的国家/地区却最为广泛，包括中国内地—中国香港、美国—保加利亚、哈萨克斯坦—乌克兰、中国内地—中国内地、美国—波兰、英属维尔京群岛—波兰、瑞士—波兰、美国—法国、德国—波兰、波兰—法国、波兰—荷兰和哈萨克斯坦—波兰等。一个可能的解释是，市场份额和利润是这些国家/地区进行资产交易的主要目标。尤其是一些国家较早进入中亚市场，并已开始在中亚经营成品油。

此外，垂直并购也发生在其他能源行业，主要是采矿业辅助活动（213），电力、燃气和水的供应业（22）以及煤炭开采（212）。合作国家主要有英属维尔京群岛—美国、哈萨克斯坦—中国内地、俄罗斯—哈萨克斯坦。通过能源产业链的延伸，增强战略影响力可能是这些国家/地区的关键考虑之一。例如，美国和俄罗斯都是世界上主要的能源供应商，它们需要通过深度参与中亚能源市场来实现其全球战略。此外，国际关系和地理邻近是影响要素流动规模的其他重要因素，距离越近的国家，要素流动的运输成本越低，流动的可能性越大。例如，对俄罗斯和乌克兰来说，地理邻近和国际政治的渊源有助于其参与中亚能源市场，但历史和文化因素叠加于利益因素上，也造成中亚国家和俄罗斯形成了能源开发领域相对复杂的情感和利益混合。从中国的角度来看，作为全球最大的能源需求国家，能源需求的相对强度是中国进入中亚市场进行能源资产收购和资源开发的主要动力。在一定程度上，中国的能源消费，特别是工业领域的能源消费需求，促进了其在海外能源市场的扩张。

三 混合模式

此外，中亚能源资产贸易还存在少量的混合模式。金融合作是该模式的最重要动机。具体而言，印度—俄罗斯、吉尔吉斯斯坦—英国和哈萨克斯坦—俄罗斯主要集中在公共管理和企业管理服务对石油和天然气的开采行业的投资。圣文森特和格林纳丁斯—英国、英国—哈萨克斯坦以及英国—中国内地等致力于在中亚发展能源领域的金融投资活动，如石油和天然气的开采行业的投资银行和基金信托。虽然保加利亚还有其他可能性，但英属维尔京群岛和中国香港在中亚能源市场采取行动的主要目标是资本导向的。另外，印度、俄罗斯和英国还专注于石油和天然气开采行业的公共管理和商业投资管理。一些国家已开始注重在中亚发展多样化的产业嵌入，从而利用地理和体制上的邻近性来获得更多的资源。例如，韩国著名公司 LG 不仅在中亚拥有广泛的业务，笔者在田野调查中还真切地感受到中亚国家民众对韩国的广泛尊重与赞扬。

第四节 中亚国际能源合作与权力关系形成机制

由前面的章节分析可知，以中国为代表的东亚国家/地区通过不同的组织模式进入了中亚能源市场，并且在中亚能源资产收购网络中的位置与能源权力不断攀升。而根据本章的分析框架，可从简单定性的层面得出不同组织模式发生的可能驱动因素。接下来，本节将聚焦中国在中亚地区开展国际能源合作与权力关系形成的过程与机制，进一步从资源基础、经贸合作、权力不对称和提升策略等方面进行更加详细的研究。

一 资源基础：中亚油气产消特征与对外供给潜力

中亚国家的油气产量总体上呈现波动上升的态势。如图6-9所示，20世纪80年代中亚油气产量出现小幅上升，1990~1998年中亚油气产量又从1.44亿吨油当量降低到1亿吨油当量，占世界比重从2.91%降低到1.80%。1999年之后，除2009年受国际金融危机的后效影响，油气产量有所跌落外，其他年份中亚油气产量保持了较为稳定的增长，2016年中亚油气产量为2.29亿吨油当量，占世界油气产量的3.02%。

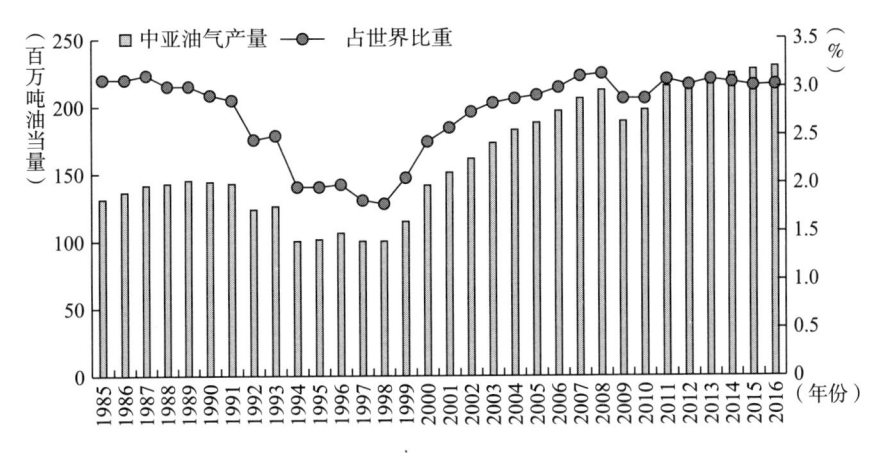

图6-9　1985~2016年中亚油气产量及其占世界的比重

资料来源：根据《BP世界能源统计年鉴2017》计算。

中亚油气生产格局呈现出明显的不平衡状态。哈萨克斯坦主导着中亚石油生产的基本格局，土库曼斯坦主导着中亚天然气生产的基本格局。如图6-10所示，哈萨克斯坦在1998年之前油气产量低于3000万吨油当量，21世纪以来油气产量呈现明显上升趋势，2000年超过4000万吨油当量，2008年达到8000万吨油当量，2016年油气产量为9720万吨油当量。1996年之前，哈萨克斯坦油气产量占中亚油气产量的比重不足25%，2008年以来哈萨克斯坦油气产量占中亚油气产量的比重稳定在40%以上。土库曼斯坦的油气产量总体呈现先降低后逐步增长的态势，1985~1998年产量从7454万吨油当量降低到1720万吨油当量，而后在1998~2016年的19年间，产量增加超过5562万吨油当量，2016年产量为7282万吨油当量，占中亚油气产量的比重为31.80%。乌兹别克斯坦油气产量1985~2016年呈现总体增长的特征，从3000万吨油当量增长至5908万吨油当量，2016年产量占中亚油气产量的25.80%。

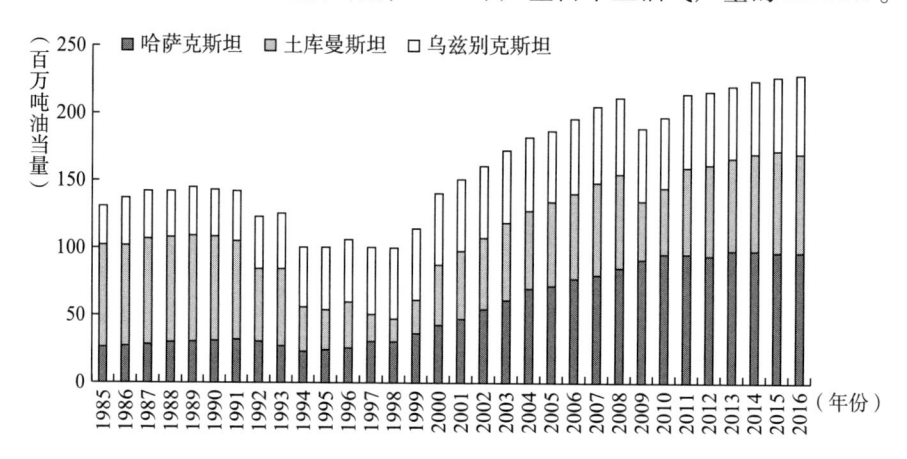

图6-10　1985~2016年中亚主要国家的油气产量演变

资料来源：根据《BP世界能源统计年鉴2017》计算。

中亚油气产消差额较大，主要以油气贸易形式出口。1985~2016年，中亚油气消费总量从8200万吨油当量增长至1.07亿吨油当量，32年间消费量仅增加了约2500万吨油当量（见图6-11）。因中亚各国油气下游炼化能力普遍较低，产消差额主要以油气贸易的形式出口。如图6-11所示，1991年苏联解体之前，对外供给能力稳定在5000万~6000万吨油当量。1992年产消差额迅速跌为3646万吨油当量，到1998年对外供给能力一度跌至2460万吨油当量。1999年之后，在跨国公司的帮助下，中亚油气产量持续上升，2000年产消差额为6653万吨油当量，2005年产消差额达到1.09亿吨油当量。2011年以来中亚地区的油气产消差额基本稳定在1.2亿吨油当量，2016年产消差额为1.22亿吨油当量。整体来看，在不考虑中亚-里海地区的油气增产情况下，未来

20年内中亚地区年对外可供给油气大约为1.2亿吨油当量。从中远期来看，随着乌兹别克斯坦和哈萨克斯坦油气资源的枯竭，土库曼斯坦的天然气资源将成为支撑中亚油气供应的支柱。

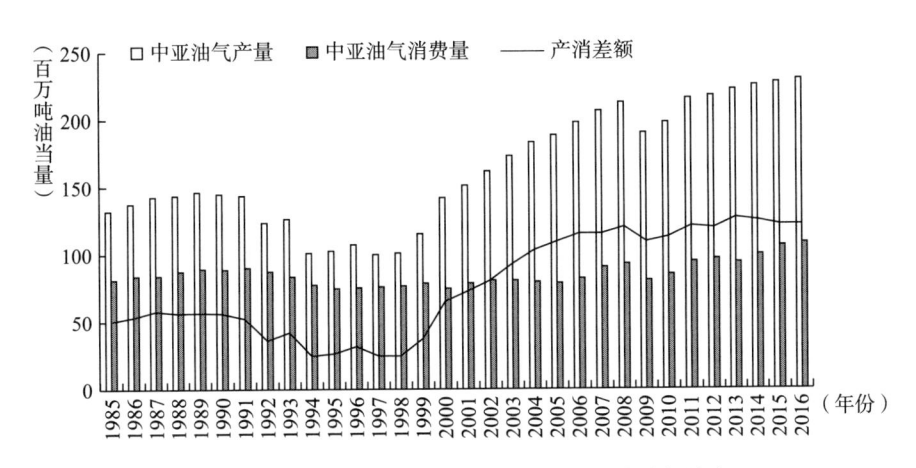

图 6-11　1985~2016 年中亚油气产消及其差额演变

资料来源：根据《BP 世界能源统计年鉴 2017》计算。

二　经贸合作：中亚油气对外出口格局与贸易关系

自 2015 年开始，中国超过欧洲成为中亚最主要的油气贸易伙伴。苏联解体之后，中亚进入了权力真空阶段，积极寻求油气贸易的多元化。从贸易社团关系来看，中亚依然从属于俄罗斯－欧盟贸易社团，而乌兹别克斯坦、土库曼斯坦等国被排除在三大贸易社团之外。从具体贸易关系来看，中亚油气资源出口国从 1995 年的 11 个增加到 2015 年的 31 个。如图 6-12 和表 6-3 所示，1995 年之前，中亚仅有少量油气出口，出口量不足 100 万吨油当量；1996~2015 年油气出口量迅速增加，2015 年达到 7722 万吨油当量。欧洲曾是中亚最主要的出口地，2005 年向欧洲出口的油气资源占中亚油气贸易的 80% 以上，乌克兰、德国、意大利和法国是中亚国家最主要的出口国，出口量均超过 500 万吨油当量，占中亚油气出口总量的 62.89%。2005 年之后随着对中国油气出口量的增加，中亚向欧洲国家出口的比重一度降到

46.19%（2013 年）。2015 年，中国是中亚最重要的油气出口国家，出口量占中亚油气出口总量的 40.90%。

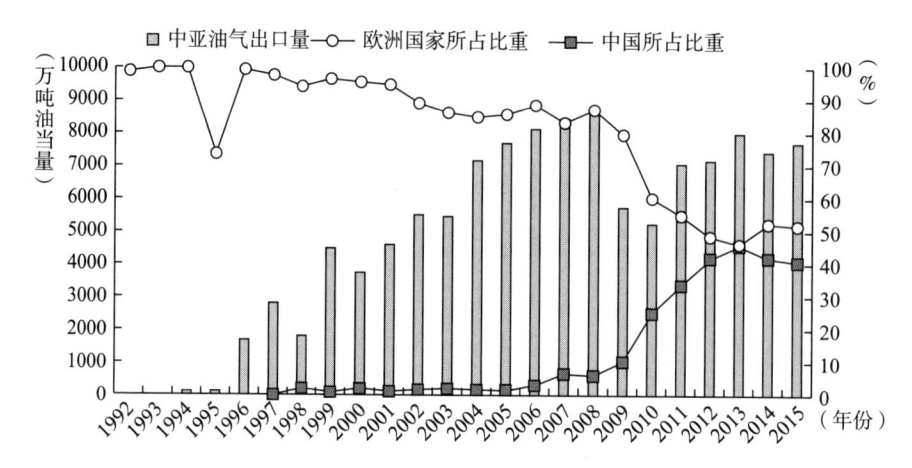

图 6-12　1992~2015 年中亚油气出口量及主要出口方向变动

资料来源：笔者根据 UN Comtrade 数据库油气资源贸易数据计算。

表 6-3　1995 年、2005 年和 2015 年中亚国家的油气贸易

单位：万吨油当量,%

1995 年			2005 年			2015 年		
出口国	出口量	比重	出口国	出口量	比重	出口国	出口量	比重
罗马尼亚	24.4	26.19	乌克兰	3054.0	39.66	中国	3158.6	40.90
哈萨克斯坦	22.6	24.28	德国	697.5	9.06	法国	761.4	9.86
波兰	17.5	18.81	意大利	550.7	7.15	德国	614.1	7.95
芬兰	8.2	8.83	法国	540.7	7.02	意大利	530.7	6.87
意大利	8.0	8.56	哈萨克斯坦	419.6	5.45	希腊	374.4	4.85
希腊	6.3	6.80	阿塞拜疆	372.9	4.84	罗马尼亚	305.8	3.96
匈牙利	2.8	3.00	罗马尼亚	363.1	4.71	俄罗斯	285.4	3.70
捷克	2.5	2.69	波兰	248.5	3.23	哈萨克斯坦	282.1	3.65
斯洛伐克	0.3	0.32	俄罗斯	242.6	3.15	西班牙	280.4	3.63
吉尔吉斯斯坦	0.3	0.32	匈牙利	165.3	2.15	奥地利	219.4	2.84

资料来源：笔者根据 UN Comtrade 数据库油气资源贸易数据计算。

三 权力不对称：中国与中亚油气贸易的非对称依赖

中国与中亚天然气贸易相互依赖程度较高。中国从中亚各国进口能源的侧重点并不相同，中国主要从哈萨克斯坦、土库曼斯坦和乌兹别克斯坦三国进口天然气。如表6-4所示，自2010年始，中国开始从土库曼斯坦进口天然气，2012年和2013年开始分别从乌兹别克斯坦和哈萨克斯坦进口天然气。2015年，中国从中亚进口的天然气总量为2660万吨油当量，约占中国天然气总进口量的一半，其中93.59%来源于土库曼斯坦。中国与土库曼斯坦已经形成高度相互依赖的天然气贸易伙伴关系，土库曼斯坦是中国油气进口的第八大国家，是中国天然气最大进口国，中国从土库曼斯坦进口的天然气占其天然气进口总量的33.38%。

表6-4　中国从中亚各国进口天然气数量及所占比重

单位：万吨油当量，%

年份	从土库曼斯坦 进口量	占中国从中亚进口天然气比重	从乌兹别克斯坦 进口量	占中国从中亚进口天然气比重	从哈萨克斯坦 进口量	占中国从中亚进口天然气比重	从中亚总体 进口量	占中国天然气总进口比重
2010	316.4819	100.00					316.4819	21.73
2011	1264.712	100.00					1264.712	45.92
2012	1914.156	99.30	13.52566	0.70			1927.682	51.84
2013	2160.592	88.91	255.8756	10.53	13.73649	0.57	2430.204	52.32
2014	2286.7	90.02	218.0532	8.58	35.55114	1.40	2540.304	48.60
2015	2489.163	93.59	138.3625	5.20	32.00308	1.20	2659.528	49.16

资料来源：笔者根据UN Comtrade数据库油气资源贸易数据计算。

中亚对中国石油出口的依赖程度要高于中国对中亚石油进口的依赖程度。中国从中亚进口的石油主要来自哈萨克斯坦。中国从中亚地区的石油进口呈现出明显的先升后降趋势。1997~2013年中国从哈萨克斯坦进口石油一直呈现较为明显的增长趋势，1997年进口量仅为

4.5万吨，2002年超过100万吨，2010年超过1000万吨，2013年达到1198万吨的峰值，占中国全部石油进口量的4.25%。但2014年、2015年和2016年哈萨克斯坦向中国出口石油量呈现断崖式下跌的趋势，2014年仅为568万吨，2015年为499万吨，2016年为323万吨，分别占中国石油进口量的1.84%、1.49%和0.85%。2016年9月，哈萨克斯坦总统纳扎尔巴耶夫表示，哈萨克斯坦能够扩大对中国的石油出口量，恢复对卡沙甘油田的开采，将成为扩大对中国石油出口的基础，并通过扩大石油出口把双边贸易规模提升至新的水平。

四 提升策略：加强双方在政治、经济与金融多领域的合作

大国引领的能源多元竞合是塑造中亚地区能源格局的关键力量，中俄美三国在中亚地区开展的能源博弈是中亚地缘能源格局变化的主导力量，决定着中亚地区国际能源合作格局的战略走向。欧盟、韩国和印度等经济体也以不同渠道和方式影响中亚地区的发展和走势，实现各自的能源战略目标。因此，中亚地区能源合作要立足于打破冲突型碎片化，推动不同能源合作主体的协调与共赢。国际经验表明，构建务实高效的区域多边能源合作机制能够有效维护地区能源安全，并使参与国集体受益。需要注意的是，建立能源合作机制的政治利益与经济利益的让渡问题比较敏感，中亚相关国际能源合作的框架和协议多为原则性的，尚缺乏实质的能源合作框架。未来可在"一带一路"倡议的基本框架下，加强上合组织能源合作协商，形成具有实际意义和约束力的多边能源合作机制。

现阶段，中国与中亚国家之间的贸易结构主要是以制成品换资源，这种贸易结构不但不利于长期的战略合作，甚至容易增加合作双方利益冲突的可能性。多数中亚国家实施"资源立国"战略，经济结构单一，产业布局不平衡，制造业发展缓慢，尤其是轻工业基础非常薄弱，多数轻工产品依赖进口，化工、建筑、冶金、航天、机械、家电等产业发展均比较落后。中亚各国都致力于建立和完善自身的工业体系，迫切需要国际资本对其本国的工业产业及基础设施建设进行扶持。中国与中亚国

家能在彼此需求上形成资源优势互补，未来应进一步加强双方的经济往来，扩大国际投资范围，深化经贸合作的深度和广度，形成"经贸－油气"一体化的合作模式，通过推进次区域经济合作将中国与中亚各国油气资源的合作推向更稳定的发展方向。

最后，需要加强中国与中亚国家在能源金融领域的资本合作。金融与资本合作能极大地促进中国与中亚之间建立长效的利益共享机制，维护长期战略合作关系。实行宽松且长期稳定的金融政策是中国和中亚能源合作从贸易模式到合同模式、从动态联盟到供应链联盟转变的客观要求。目前，国家开发银行、中国进出口银行是参与中亚地区能源合作的主要金融机构，未来应积极转变角色，加强与中亚各国金融机构的合作，在增强能源企业融资能力的同时，防范跨国投资风险，带动与中亚国家的能源产业合作。鼓励中国工商银行、中国建设银行、中国银行、招商银行等国内大型商业银行，将海外金融服务的重点聚焦共建"一带一路"国家，提高对中国大型能源企业海外能源合作项目的授信额度，通过银团贷款等方式支持中国企业在中亚国家的能源合作项目。鼓励丝路基金设立中亚能源基础设施投资的专项基金，将投资重点集中在中亚优质能源资产的投资领域。同时，可鼓励有条件的大型企业集团通过吸收国际资本和国内民营资本为中国与中亚国家的能源合作提供融资支持。

第五节 本章小结

由于能源资源的稀缺性、区位的固定性和自然地域的嵌入性，能源部门天然地具有垄断与重资产属性，尤其是跨国油气项目投资以跨境收购为主。资产贸易过程也在较大程度上体现了能源主体对能源资产支配与处置的权力转移。本章运用复杂网络分析方法，构建了中亚地区能源资产贸易的有向网络，对中亚地区能源资产贸易情况进行展现和分析。遵照考察对象范围的精细程度不断提升的逻辑，本章从整体状况、社团结构、个体地位三个层级逐次递进，从不同维度深入分析了 2002～

2016年中亚能源资产贸易网络的演化特征及组织机制。通过对中亚地区能源贸易网络的研究，得出如下结论。

（1）整体来看，2002~2016年，中亚能源资产贸易的过程可分为较为明显的三个阶段。2002~2007年，参与中亚能源市场的国家数量较少且市场集中度较大，整个网络的交流效率较高，实现交易活动的目标也最为顺畅。2008~2011年，中亚能源资产贸易网络表现得较为松散，其聚集程度比第一阶段差。2012~2016年，网络的聚集性最差，参与能源资产贸易的国家/地区之间的交流效率最为低下。2008年国际金融危机对全球能源并购投资产生了深远影响，这与中亚市场能源并购网络的稳定变化是一致的。

（2）随着参与能源资产贸易的国家/地区多元化程度的提升，交易集团也实现了多方面的重组。2002~2007年、2008~2011年和2012~2016年三个阶段的社团数量分别为3个、3个和5个，社团数量的变动反映出参与中亚能源开发与交易的势力集团的数量在增加，博弈与竞合格局的复杂性在不断抬升。这主要体现在，新兴市场国家/地区进入中亚能源市场的数量和合作深度再次提升；除中亚传统的能源赋存大国被外部大国重视之外，其余国家/地区也逐渐受到重视；中亚国家开始进入中亚邻近地域的能源市场。

（3）从国家在网络中的地位和影响力来看，私人卖家和哈萨克斯坦是中亚能源企业与能源资产的积极处置方，其在中亚地区的能源控制权处于持续下降的状态；俄罗斯在中亚能源资产的处置方面一直扮演着重要角色；美国是中亚能源类资产的重要处置方。就主动买入某些中亚能源企业股权的国家而言，其在中亚地区的能源控制权和重要性在增强。俄罗斯和英国在中亚能源市场上一直是积极的参与者；以中国为首的东亚国家和地区积极谋求在中亚的能源业务拓展，其在中亚地区的能源地位处于不断上升态势。

（4）从贸易的组织模式看，横向模式发生的次数最多也最为频繁，最核心的是石油和天然气的开采行业内部的国家间贸易合作，参与贸易的国家/地区较为多元化。进行垂直收购的国家产业非常聚焦且交易量非常少，主要发生在采矿业辅助活动（213）、石油和天然气的开采（211），电力、燃气和水的供应业（22）以及煤炭开采（212），合作国家主要是俄罗斯—哈萨克斯坦、英属维尔京群岛—美国、哈萨克斯坦—中国。也存在少量混合模式交易，其中印度—俄罗斯、吉尔吉斯斯坦—英国、哈萨克斯坦—俄罗斯主要聚焦公共管理和企业管理服务对油气行业的投资；圣文森特和格林纳丁斯—英国、英国—哈萨克斯坦、英国—中国则主要致力于发展投资银行、基金信托等对油气产业的金融投资活动。

（5）中亚国家油气的产消与对外供给能力是中国在中亚地区开展国际能源合作以及能源权力关系演变的基础，中亚国家的贸易格局和贸易互动关系是强化因素，而中亚国家油气贸易对中国的非对称依赖则导致了权力不对称。为推动双方长期合作，进一步促进互利共赢，应推动建立务实高效的多边能源合作机制、促进制造业发展与能源贸易一体化合作、扩大金融服务多元化和支持中亚国家经济发展。

第七章　能源网络下中国光伏产业发展

近年来，在新能源装机需求拉动、发展政策推动和企业技术创新等因素综合作用下，中国在新能源产业方面已经具备全球性的竞争优势。无论基于制造业的新能源产品贸易还是产业价值链竞争，中国正在参与世界新能源版图的重塑，对世界能源权力格局将产生一定的影响。那么，中国参与国际新能源贸易的网络特征是什么样的？中国新能源产业从"边缘"向"核心"的演化历程如何？中国新能源企业在全世界的地位如何？其权力提升的路径如何？促进其地位提升、权力演变的产业基础因素是什么？为回答这些问题，本章以光伏产业为例，聚焦回答中国光伏产业发展的阶段特征、光伏产业链的全球贸易网络演化、影响中国光伏产业发展的关键驱动因素，以及中国光伏产业全球竞争优势与能源权力如何等关键问题。

第一节　光伏产业链发展

在全球应对气候变暖与降低化石能源排放达成基本共识的大背景下，中国庄重地向世界承诺了"二氧化碳排放力争于2030年前达到峰值，努力争取2060年前实现碳中和"的目标。为实现碳达峰、碳中和目标，大力推进可再生能源是必要路径。而在各种可再生能源中，太阳能以其清洁、安全、技术成熟、来源无限等特征，逐渐发展成为优势最为显著的可再生能源。在国际能源署公布的2020年《BP世界能源展望》中，在既定政策情景下，2030年前可再生电力可满足全球电力需求增长的80%，其中太阳能将是主要的增长动力，太阳能被设定为新的发电技术体系的核心。

一 光伏产业链与价值链

太阳能光伏产业（以下简称光伏产业）是由太阳能电池制造及应用而延伸的产业链总和。如图7-1所示，光伏产业的定义一般从多晶硅生产开始，包括硅料、铸锭（拉棒）、切片、电池片、电池组件、应用系统6个环节，反映了光伏产品从生产制造到运营的过程。其中，上游为硅料相关的环节，中游为电池片、电池组件环节，下游为应用系统和光伏发电环节（中国光伏行业协会，2021）。

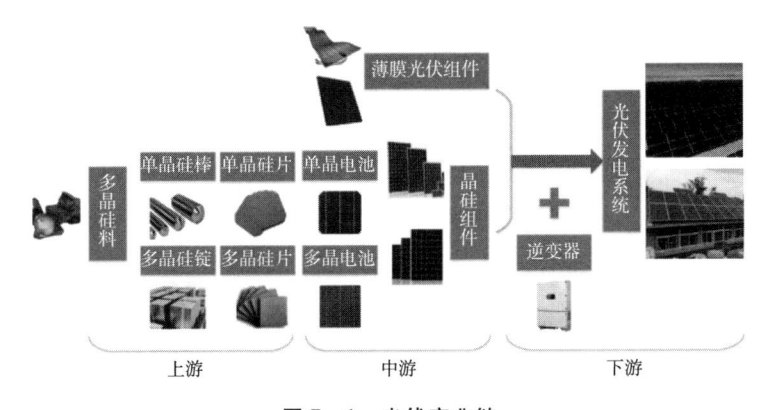

图7-1 光伏产业链

资料来源：中国光伏行业协会（2021）。

然而，上述光伏产业链的划分，显然忽略了产品生产与制造之前的研发与设计环节，也忽略了用于生产多晶硅和光伏电池的资本与设备也是产业链上的重要环节（Zhang and Gallagher, 2016）。因此，从更加广泛的意义来看，本章将光伏产业链扩展到包括研发、资本与设备、生产制造、系统集成、电站建设与运维等环节（见图7-2、表7-1）。其中，将研发、资本与设备定义为上游环节，将生产制造定义为中上游环节，将系统集成定义为中下游环节，将电站建设与运维定义为下游环节。

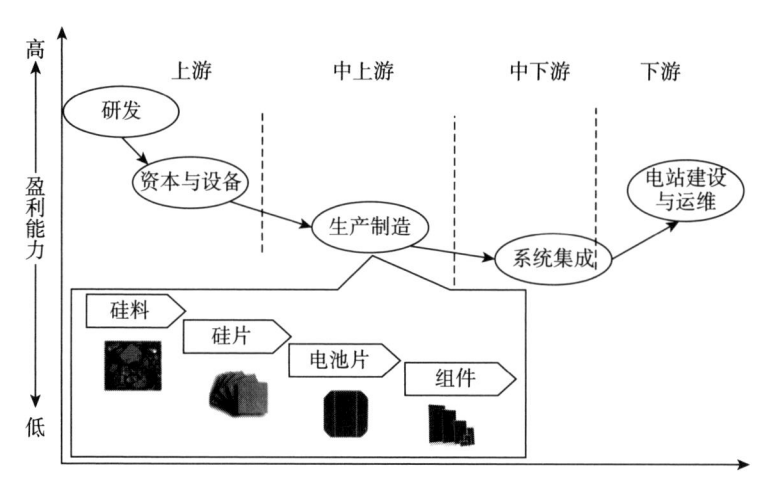

图 7-2 光伏产业链划分

表 7-1 光伏产业链上中下游划分与特征描述

		产业链环节定义及主要特征	主要壁垒	壁垒高度
上游	研发	为光伏产业提供设备生产、制造工艺等特定新技术的环节，是整个产业创新的源头；具有高知识技术投入、高不可预测性、高财务风险等"三高"特征	技术、资金	较高
上游	资本与设备	提供光伏产业生产体系所需的资本与设备的专业环节，包括多晶硅净化炉、化学和气体供应炉、切割晶圆、糊状物和电池油墨的磨料和设备、模块的封装材料以及用于生产的专用测量设备等	技术、资金	较高
中上游	生产制造	即狭义的光伏产业链，包括多晶硅生产，将冶金级硅转化为适合太阳能电池的多晶硅，将硅铸入锭子并切片，通过蚀刻抛光、清洗、应用抗反射涂层、丝网印刷将晶圆变成电池片，将电池片与薄膜焊接成为组件等	硅材料	资金、环境	较高
			硅片	资金	一般
			电子浆料	技术	高
			电池片	资金、技术	较低
			光伏玻璃	技术	较高
			组件	无	低

续表

产业链环节定义及主要特征		主要壁垒		壁垒高度
中下游	系统集成	包括逆变器、并网系统、储能系统等，逆变器是其中最昂贵、技术最复杂的部件	技术	较高
下游	电站建设与运维	是光伏系统集成后进行太阳能发电的环节，包括系统设计、安装、许可、施工、操作、运营与维修服务等	电站建设	资金	较低
			发电、售电	管理	较低
			检修维护	人力资本	较高

资料来源：根据Zhang et al.（2017）、郭庆方和张洪瑞（2020）的研究进行修订和补充。

光伏产业链的不同环节进入壁垒与难度不同，导致其价值捕获与分配格局存在差异（郭庆方、张洪瑞，2020）。在不同产业链环节的价值捕获与分配上，光伏产业链与其他产业价值链具有相似的价值分布特征，即上游环节的知识密度、技术密度和资本密度更高，因而其捕获利润的能力更强；而中游的生产制造环节需要的知识和技能倾向于标准化，所以附加值较低。此外，在同一环节内部，增加值分配也存在差异。如图7-3所示，在中上游生产制造环节，偏中上游的多晶硅生产部分的增加值和利润较多，而偏中下游的面板制造与组件的附加值则较低。

二 光伏产业的主导企业

当前来看，中国光伏产业在制造业规模、产业化技术水平、应用市场拓展、产业体系建设等方面均位居世界前列。如表7-2所示，截至2019年，中国多晶硅产量、组件产量、新增装机量、累计装机量已经分别连续10年（从2011年起）、14年（从2007年起）、8年（从2013年起）、6年（从2015年起）居全球第一位。显然，光伏产业已发展成为中国具备国际竞争优势、实现端到端自主可控并率先成为高质量发展典范的战略性新兴产业之一。

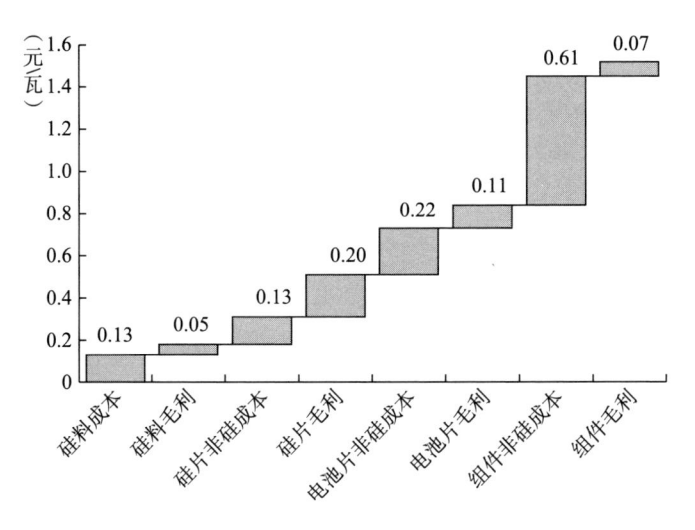

122 / 国际能源网络研究：权力、结构与演化

图7-3　光伏产业链生产制造环节龙头企业的价值分配（2020年初）

资料来源：PV InfoLink。

表7-2　生产制造环节中国光伏企业在全球的表现及地位

生产制造环节	2011年产量	2019年产量/产能	2019年中国产量	中国产量所占比重（%）	中国企业的表现及地位
多晶硅	24万吨	45.2万吨/—	34.2万吨	75.7	在全球前十多晶硅企业中，中国企业占据7席
硅片	56GW	134.6GW/185.3GW	125.3GW	93.1	原先存在于榜单前十的国外硅片企业全部被中国企业代替
电池片	35GW	140.1GW/210.9GW	128GW	91.4	前十基本为中国企业，龙头企业则由First Solar、英利（已破产）、晶澳科技、天合光能变为通威股份
组件	35GW	138.2GW/218.7GW	98.6GW	71.3	自2018年开始，晶科能源、晶澳科技、天合光能、隆基股份稳居榜单前4名

注：企业全名和简称见附录2。
资料来源：整理自PV InfoLink、北极星太阳能光伏网等。

如表 7-3 所示，从 2019 年全球光伏企业的营收情况来看，排名前 20 的主导企业中国占据 15 席，占比高达 75%，尤其是前 5 名的隆基绿能科技股份有限公司、协鑫（集团）控股有限公司、晶科能源股份有限公司、天合光能股份有限公司和阿特斯阳光电力集团股份有限公司均为中国企业。美国有 First Solar, Inc.、SunPower Crop. 和 Tesla, Inc. 3 家企业居前 20 位，分别以 31 亿美元、18.64 亿美元和 15.30 亿美元的营收排在全球第 6 名、第 12 名和第 15 名。而韩国的 Hanwha Q CELLS 以 30.74 亿美元的营业收入排在第 7 名，德国的 SMA Solar Technology AG 以 10.25 亿美元的营收排在全球第 20 名。2011～2019 年，多数生产制造环节已经被中国企业占据绝对领先位置，而国外企业则逐渐被挤出榜单，甚至遭受破产清算。

表 7-3　光伏产业链全球主导企业

2019 年排名	主营业务	公司名称	所属国家	营收（百万美元）	2018 年排名	2017 年排名
1	单晶硅料龙头+组件+全产业链	隆基绿能科技股份有限公司	中国	4716	5	7
2	多晶硅+硅片+组件	协鑫（集团）控股有限公司	中国	4494	1	1
3	全产业链	晶科能源股份有限公司	中国	4270	4	2
4	组件+电站运营	天合光能股份有限公司	中国	3351	3	3
5	电池片+组件+电站	阿特斯阳光电力集团股份有限公司	中国	3200	2	4
6		First Solar, Inc.	美国	3100	7	6
7		Hanwha Q CELLS	韩国	3074	8	9
8	硅片+电池+组件+电站	晶澳太阳能科技股份有限公司	中国	3032	6	5
9	单晶硅料龙头、电池片、组件	通威股份有限公司	中国	2552	14	13

续表

2019年排名	主营业务	公司名称	所属国家	营收（百万美元）	2018年排名	2017年排名
10	单晶硅+组件+逆变器	天津中环半导体股份有限公司	中国	2213	9	15
11	组件+电站EPC	东方日升新能源股份有限公司	中国	2065	15	11
12		SunPower Crop.	美国	1864	10	10
13	电站+组件+逆变器	浙江正泰新能源开发有限公司	中国	1709	13	14
14	逆变器+电站EPC	阳光电源股份有限公司	中国	1699	16	20
15		Tesla, Inc.	美国	1530		
16		信息产业电子第十一设计研究院科技工程股份有限公司	中国	1229	11	16
17		尚德新能源投资控股有限公司	中国	1136		
18		中电科电子装备集团有限公司	中国	1123		17
19	电站运营	特变电工股份有限公司	中国	1087	12	
20		SMA Solar Technology AG	德国	1025	18	19

注：2019年的排名依据为各企业2019年整年的营业收入表现，营业收入指光伏企业的关键材料设备（组件、逆变器、支架、辅材）、电站出售、电费、电站EPC、电站设计及运营维护等在全球的收入。

资料来源：365光伏。

第二节 中国光伏产业发展

20世纪80年代中后期，中国的光伏产业从产业链的中游，即电池片、电池组件环节进入。当时，在政府主导下中国引进了7条光伏电池生产线与一些关键设备，并由仅有的几家国有企业负责生产加工，市场规模非常有限；到2002年，这7家企业大多经历了破产、停产或重组

（于佳、王勇，2020）。2001年1月，施正荣创办无锡尚德太阳能电力有限公司，次年5月正式投产，并于2005年12月在纽约证券交易所成功上市。尚德电力（企业简称见附录2，下同）的上市效应吸引了众多市场主体和学者重新将目光投向光伏行业。因此，早期关于中国光伏产业的研究侧重于基本情况介绍和产业经济特征研究。王晓宁（2008）立足于产业链介绍了中国光伏产业的发展状况；Cai（2011）利用S-C-P产业组织范式分析了光伏产业链主要环节的市场垄断程度；宋辉和倪自银（2014）、甘卫华和刘振梅（2015）对光伏产业链主要环节的技术经济特征进行了较为系统的阐述；耿亚新（2011）研究了光伏产业链垂直一体化构建；Steeman等（2012）在纵向一体化视角下评价了光伏子环节成本下降或技术进步对整个光伏产业链的影响；Chen和Liu（2013）、Davies和Joglekar（2013）分析了光伏企业在纵向一体化情况下的投资效果及产业链价值提高的意义；洪思偲（2015）、周欣星和张冀新（2015）从全球价值链角度分别探讨了中国光伏产业的竞争力与升级路径。

随后，作为幼稚保护产业与创新追随者角色的中国光伏行业取得的惊人成功，引起了创新领域众多学者的关注。Binz等（2017a，2017b）、Binz和Anadon（2018）在全球创新网络视角下对中国光伏产业早期的追赶策略、技术生命周期与空间组织之间的关系以及产业非相关多样化的重要性进行了系列研究；周源等（2016）分析了如何有效体现技术知识在光伏产业链主要环节的作用；Zou等（2017）从纵向一体化和横向一体化视角对中国光伏产业的技术创新状况进行了评价；Zhang和Gallagher（2016）从价值链和英利公司案例两个层面，探讨了中国融入全球清洁能源创新体系的方式；童昕等（2017）以无锡市为例，考察全球－本地联系在当地光伏产业链形成演化和技术发展动态中的具体表现；Shubbak（2019）构建了"创新—市场—环境—制度"的分析框架，以中国光伏行业为例研究了生产和创新的技术体系及其演化。

当中国的太阳能光伏产业在制造和安装领域处于世界领先地位时，

关于行业发展优势与企业竞争力保持的研究逐渐增多。Mei 等（2016）和 Zhang 等（2017）利用复杂网络理论讨论了不同光伏企业的市场支配地位与权力；Shuai 等（2018）采用恒定市场份额（CMS）模型和显性比较优势法（RCA）测度了 2007~2016 年中国在共建"一带一路"国家的太阳能光伏产品的国际竞争力；Peng 和 Liu（2018）探索了事前和事后的政府补贴对以光伏产业为主的清洁能源行业发展的作用；Chen 和 Ivan（2019）采用多种博弈均衡模型探讨了光伏产业链协调的经济意义；Corwin 和 Johnson（2019）研究了每个阶段不同地方政府在当地市场发展的作用、政治动机及过度参与的后果，并在国家和地方层级上提供了改进建议；郭庆方和张洪瑞（2020）评价了 2012~2018 年中国上市光伏企业产业链环节的布局状况；于佳和王勇（2020）从新结构经济学视角解析了中国光伏企业在共建"一带一路"国家发展的新机遇。

综合来看，既有研究对光伏产业已经取得了丰富的认识，涉及光伏产业链的主要环节介绍、产业链协调性、竞争力与价值评价、政府和技术创新的驱动作用、新的发展机遇与政策建议等。但是，现有研究对光伏产业链发展的阶段特征、影响因素与全球价值链升级、网络扩权的路径分析，尤其针对产业链上关键企业主体的行为等尚缺乏统一的分析框架。本节从产业链角度出发，对中国光伏产业的崛起与发展历程予以归纳分析，将其总结为 2010 年以前的起步阶段、2011~2014 年的起飞阶段、2015~2017 年的主导阶段以及 2018 年以来的转型阶段。后续章节也将对中国光伏产业发展的驱动因素进行分析。

一 起步阶段（2010 年以前）

2010 年以前，无论是从技术、企业、市场还是政策方面，全球光伏市场主要由欧盟、美国、日本等国家/地区的光伏企业主导。尤其是欧盟的德国、意大利和西班牙等国家非常重视光伏产业、企业和市场的早期培养。2000 年，德国政府推出《可再生能源法》，从法律层面对可再生能源产业的发展予以支持和规制。到 2004 年，德国又完善了上网电价制度，使得德国的光伏产业能够迅速发展。2005 年 7 月，意大利推出了 Conto Energia 政策以鼓励光伏产业和光伏市场发展，随后意大利的光伏装机也呈现快速增长态势。同年，西班牙政府推出可再生能源电力固定上网电价政策，将固定上网电价定为 0.44 欧元/千瓦时，在固定电价和高额补贴的作用下，西班牙的光伏装机规模呈现快速增大态势。2009 年，受欧债危机的影响，西班牙政府调整了光伏政策，随后装机量断崖式下跌。到 2010 年，全球光伏市场仍然是由欧洲主导，德国、意大利和西班牙等国家占据全球光伏装机市场份额的 60% 以上。

同一时期，中国的光伏产业仍处于起步阶段，其主要是作为欧美国家的"加工工厂"。从产业链环节来看，中国的硅料依赖进口，中游产能过剩，而组件和电站的产品消纳主要是面向国际市场出口，因而这一时期中国的光伏发展属于典型的"两头在外"模式，与其他诸多制造业和制成品一样是"世界工厂"。具体来看，因为硅料和多晶硅环节的技术壁垒较高、资本和设备投入较大与投资回报较慢，所以发展严重滞后，2010 年中国多晶硅的产量仅占全球的 24%。中游产业投资和技术壁垒低，赢利周期和回报周期较短，因此发展较为迅速，2010 年中国已经占据全球 50% 的产量。而下游电站建设与运维环节，由于光伏发电的成本高、补贴制度不健全、并网困难等一系列问题，下游电站装机需求严重不足，电站装机量占全球的比重不足 1%。

在这种情况下，2009 年，中国财政部、科技部、国家能源局联合印发了《关于实施金太阳示范工程的通知》，计划在 2~3 年内以财政补助形式投入约 100 亿元支持不低于 500 兆瓦的光伏发电示范项目，并将综合采取财政补助、科技支持和市场拉动方式，加快国内光伏发电的产业化和规模化发展。"金太阳"计划的出台，从国家层面给出了明显的政策支持信号，极大地提振了中国光伏市场的信心，促进了光伏产业的发展。

二 起飞阶段（2011~2014 年）

由于"金太阳"示范工程的推出，国内光伏装机市场潜力得到释放，大量光伏组件制造企业开始追加投资、增加产能。于是，国内光伏行业出现了一定程度的过热，再次出现了产能与需求的不匹配，形成了产能过剩与消纳压力。与此同时，2011~2012年，欧美针对中国海外出口的光伏产品发起了"双反"调查，从外部对中国光伏产业的发展形成了压力。2011~2012年，美国和欧盟相继对中国的光伏行业征收高额的"反倾销"和"反补贴"税，受迫于欧美对中国光伏产品实施"双反"，巨额关税导致以外向型为主的光伏产品价格竞争力骤降、出口迅速降低。中国光伏企业出口额从2011年的358亿美元降低到2012年的233亿美元和2013年的123亿美元。2012年9月，欧盟启动对从中国进口的太阳能电池板的反倾销和反补贴调查，涉及金额高达210亿欧元，被称为欧盟历史上涉案金额最大的"双反"案件。在此背景下，中国光伏产业曾一度连续八个季度出现亏损。当时全球最大的光伏制造商，同时也是中国光伏产业标杆性企业的尚德电力濒临倒闭，被迫重组。

2013年下半年，国家发改委出台多项政策支持光伏产业发展，以拯救光伏行业。2013年12月起，中欧双方协商达成"最低价格承诺协议"，即中国光伏企业需以高于最低进口价格（Minimum Import Price，MIP）的价格向欧盟销售光伏电池和组件，以免除向欧盟缴纳的"双反"关税；规定每年出口至欧洲的中国光伏产品限额，超额部分仍需缴纳"双反"关税。欧盟对光伏产品贸易的限制对中国光伏企业的出口造成了严重影响。2013~2017年，中国光伏组件出口欧盟数量由5.39GW下降至1.16GW，降幅达78.5%。之后，中国陆续推出了提升"十二五"规划的既定装机目标、全面开启固定电价制度等多项相关政策来拉动内需，光伏行业的基本面逐渐得到好转。在五年规划、能源政策和产业发展规划等国家政策的导向下，地方政府出于经济发展与晋升压力，给予企业以土地补贴与金融支持等优惠政策，进一步提升了光伏企业发展的动力（Corwin and Johnson, 2019）。进入起飞阶段，中国的光伏新增装机和累计装机迅速飙升（见图7-4）。

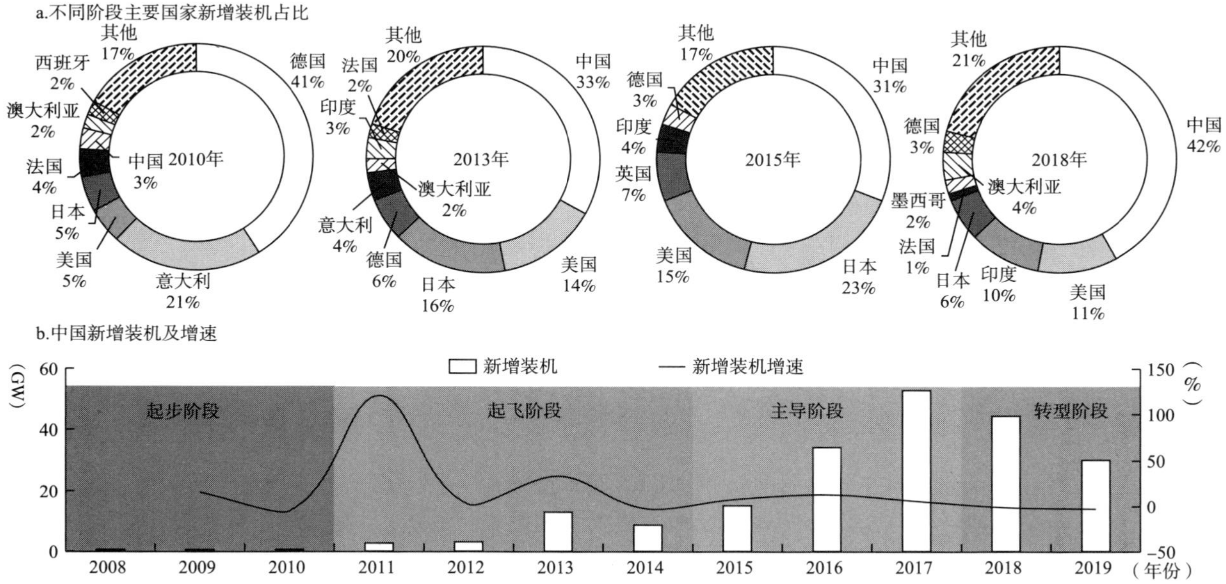

图 7-4 中国光伏产业发展阶段划分

资料来源：根据中国光伏行业协会、365光伏、全球光伏网等整合。

三 主导阶段（2015~2017年）

2015年，中国已经在全球光伏市场占据重要位置，当年中国除了在多晶硅生产加工环节仍存在不足外，硅片、电池片和组件的产量分别占全球的83%、65%和69%（见图7-5）。此后，中国在多晶硅的生

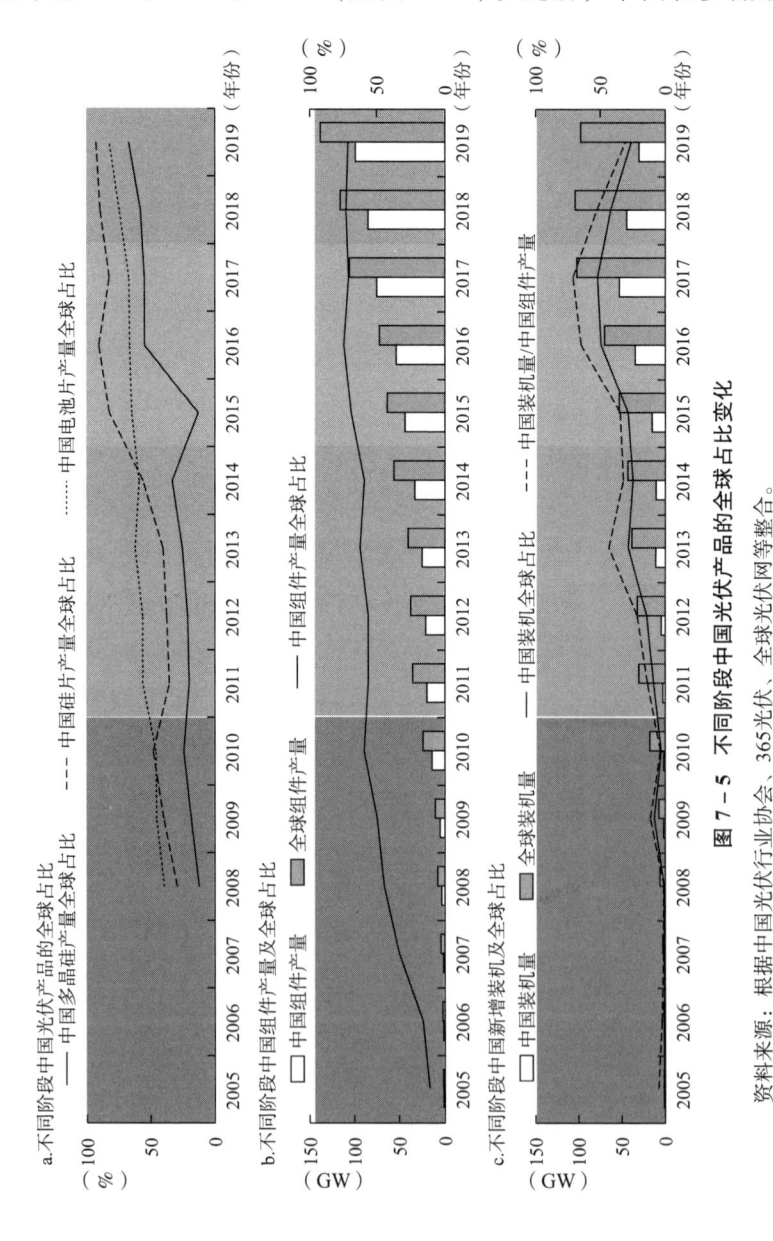

图 7-5 不同阶段中国光伏产品的全球占比变化

资料来源：根据中国光伏行业协会、365光伏、全球光伏网等整合。

产环节成功实现了技术迭代，硅料生产的短板提升成功，多晶硅产量快速增加，占世界的比重于2016年超过50%。从此，中国在光伏产业链的硅料、电池片和组件等生产制造环节均成为全球主导者。

在需求侧，2016年，国家"十三五"规划确定2020年装机目标，包含分布式光伏在内累计新增光伏105GW。目标下发后，当年中国光伏新增装机迅速大幅增长。至2016年底，已累计新增光伏装机77GW。这意味着，2017~2020年的4年间可能仅有28GW剩余可用指标。在指标欠缺的预期下，行业发展的积极性受损，发展开始出现下行趋势。2017年7月27日，国家释放了新增指标，确定2017~2020年在原有指标的基础上再新增装机58.5GW，行业规模由105GW增长至163.5GW，剩余指标空间回升至86.5GW，且该指标并不包含分布式光伏。在利好政策叠加分布式收益率提升的背景下，中国国内装机规模迅速扩大。

这一阶段，中国光伏产业发展重要特征还体现在分布式光伏的快速增长上。由于形式灵活的分布式光伏满足了东部地区就近消纳的需求，加之西北地区的消纳问题严重，中国光伏装机的重心向东转移。2017年，华东地区新增装机14.67GW，比2016年增加了1.7倍，占全国的27.7%；华中地区新增装机10.64GW，比2016年增长了70%，占全国的比重达到20%；而西北地区的新增装机占全国的比重比2016年有所下降。由于分布式光伏的发展，中国光伏产业出现了国内需求追平产量、国内产能主要用以满足国内市场需求的新表现。2017年，中国新增装机占世界比重上升至52%，中国不仅在产能，也在需求方面成为全球光伏新增装机的主要市场。由此，中国光伏产业从产能和需求两方面奠定了全球主导地位，进入了世界光伏市场由中国主导的发展阶段。

与此同时，日本和韩国在世界光伏市场的份额不断减少，之后日韩曾经主导行业的巨头企业影响力也日渐减弱。而随着美国和法国对光伏支持力度的增大，其在世界光伏市场的份额保持着稳定的增长。值得注意的是，印度等发展中大国也开始大力推动光伏产业发展。2014年，莫迪就任印度总理后宣布，到2022年印度要实现100GW的太阳能装机容量。事实上，2016年印度的累计太阳能装机量超过9GW，2017年达到20GW，都超过了当时定下的目标。因而，印度非常有可能成为中国在全球市场的有力竞争对手之一。

四 转型阶段（2018年以来）

由于产业链上的技术不断被突破，度电成本不断下降。2018年12月29日，国内单体装机最大（500MW）的"光伏领跑者"项目在青海格尔木正式并网发电，该项目上网电价平均为0.316元/千瓦时，低于当地煤电标杆电价0.3247元/千瓦时近1分钱。为规范光伏行业健康发展与推动光伏发电平价上网、保障光伏行业发展的持续性，2018年5月31日，国家发改委、财政部和国家能源局一起出台了《关于2018年光伏发电有关事项的通知》（光伏业界简称其为"531"新政）。"531"新政提出了"暂停普通地面电站指标发放""分布式光伏规模受限""调低上网电价"等新政策。"531"新政的出台，一方面加快了光伏平价上网进程，国内率先于2019年实现了平价上网；另一方面由于光伏组件技术门槛相对较低与前期大规模扩产，光伏组件行业产能过剩，光伏全产业链价格出现大幅度下调，光伏行业开始由高速发展向高质量发展转变。2020年初，新冠疫情突袭而至，疫情肆虐全球，国内复工复产延迟，国内光伏电站基于悲观预期延缓了招标时间至2020年第二、第三季度。到2020年第三季度，由于中国率先有效控制了疫情蔓延，光伏行业开始快速复苏，甚至逆势上涨，但由于上游的光伏玻璃与硅片产能不足的限制，整体产能未能完全释放。整体来看，2020年，中国新增装机48.2GW，占全球总装机的37%；由于年末抢装潮，相比2019年，新增装机规模增幅依然高达60%。

第三节 中国光伏产业贸易网络与生产网络特征

上文的分析表明，光伏产业已成为中国具有全球竞争优势、高度自主可控并率先成为高质量发展典范的产业，并实现了价值链升级、产品贸易的国际化，形成了跨国生产组织，那么其具体特征如何？本节从中国光伏产业的业务组织、光伏产品的贸易网络特征、中国光伏企业的海外生产网络等方面予以分析。

一 中国光伏产业的业务组织

从中国最具竞争力的上市企业来看，2018年中国股市中太阳能概念板块有93家上市企业，其中67家企业的业务是光伏产业链的一个或多个环节。以这67家企业为研究对象，追溯2015年和2013年，则分别有63家和53家企业参与了光伏产业的相关环节。如表7-4所示，中国上市光伏企业业务的多元化平均程度从2013年的2.74提升至2015年的3.10，并在2018年增至3.22。可见，随着中国光伏产业全球竞争力的提升，中国光伏企业的业务范围不断拓展，业务的多元化有利于企业规避单一环节的市场和环境风险，持续增强企业获利能力。

表7-4 中国上市光伏企业业务的多元化程度

企业业务的多元化程度	2013年 数量（家）	比重（%）	2015年 数量（家）	比重（%）	2018年 数量（家）	比重（%）
1	21	39.62	20	31.75	21	31.34
2	9	16.98	12	19.05	11	16.42
3	8	15.09	11	17.46	10	14.93
4	5	9.43	5	7.94	6	8.96
5	4	7.55	4	6.35	7	10.45
6	4	7.55	5	7.94	5	7.46
7	1	1.89	4	6.35	5	7.46
8	0	0	0	0	1	1.49
9	0	0	1	1.59	0	0
10	0	0	0	0	0	0

续表

企业业务的多元化程度	2013年		2015年		2018年	
	数量（家）	比重（%）	数量（家）	比重（%）	数量（家）	比重（%）
11	1	1.89	1	1.59	1	1.49
平均程度	2.74		3.10		3.22	

注：企业业务占据一个产业链环节，其多元化程度即为1，依次累计计算。平均程度计算公式为（各多元化程度×对应企业数）/企业总数。

但由于光伏行业的市场需求存在周期性，以及不同产业链环节的技术经济特性存在差异，这决定了在每个环节上市场所能接纳的企业数量必然有限。只有合理配置不同产业环节的企业数量和生产规模，才能保持行业整体的竞争力。过多则会形成产能过剩，造成过度竞争。对企业而言，由于每个生产环节所需的资本、技术和投资周期等不同，一旦企业选择过多的业务可能会造成内部优质资源分散和核心竞争力下降。因而，无论是在位企业还是新进入光伏产业的企业，均必须充分考虑到全球光伏市场增长的步伐与产业链环节的巨大竞争压力，要注重企业自身生产经营特长与产业链环节的匹配程度，避免盲目开展多元化与一体化策略。

如表7-5所示，从产业链不同环节的企业参与度排序来看，2013年、2015年和2018年三个不同时期中国光伏上市公司主要聚集于组件、电站建设以及发电、售电三个环节。2012年欧美对中国光伏产品发动"双反"后，由于光伏产品海外出口受阻以及国家政策的支持，通过投资建设光伏电站消化光伏产品成了扩大内需的必经之路。因此，电站建设和发电、售电环节的企业参与度也相对较高。但由于光伏组件技术门槛相对较低，众多企业进入组件环节开展大规模扩产，导致光伏组件行业产能过剩。2018年以来，组件环节的产能过剩与价格下跌，开启了中国光伏行业的转型发展之路。但从龙头企业的表现来看，2020年，隆基股份仍然强势引领全球光伏企业，处于净利润排行榜第一名，这一方面得益于其在硅片端庞大的产能供给与市场占有率，使得隆基股份在供应链控制权和市场价格主导权上拥有巨大优势；另一方面则是因为隆基股份在产业链上下游一体化布局上的优势，扩大了其利润空间。

表 7-5　光伏产业链企业参与度最高的三个环节

	2013 年		2015 年		2018 年	
	环节	企业参与度	环节	企业参与度	环节	企业参与度
参与企业数最多的环节	组件	0.16	组件	0.17	组件	0.19
参与企业数第二的环节	发电、售电	0.12	电站建设	0.15	电站建设	0.14
参与企业数第三的环节	电站建设	0.17	发电、售电	0.14	发电、售电	0.14
总体		0.48		0.45		0.47

注：产业链不同环节的企业参与度＝单个环节的企业参与数/（每个环节的企业数之和），取值为 0~1，值越大，说明该环节的企业参与程度越高。

需要注意的是，具有较高技术含量的环节，企业的参与度相对较低。如表 7-6 所示，具有高技术特性的电子浆料环节的企业参与度一直不高。未来，一是中国光伏产业国际竞争力的持续保持，必须在产业链关键环节增加研发投入与科技人力投入，形成新产品的迭代与转化，才能保证整个行业持续发展的活力；二是要聚焦相对弱势环节的关键技术突破，实现关键技术突破，形成一批技术引领型企业和产业集群；三是依靠市场自发淘汰与筛选机制持续整合光伏行业竞合格局，形成若干带动作用强的产业龙头，带动光伏产业形成更强合力，共同应对国际市场龙头企业（如特斯拉）的竞争和其他能源（如氢能）的潜在替代。

表 7-6　光伏产业链不同环节的参与企业数及排序

产业链环节		光伏产业链环节	2013 年		2015 年		2018 年	
			参与企业数（家）	排序	参与企业数（家）	排序	参与企业数（家）	排序
上游	研发	技术研发	5	10	6	11	11	9
	资本与设备	设备制造	13	7	14	8	14	7

续表

产业链环节		光伏产业链环节	2013年		2015年		2018年	
			参与企业数(家)	排序	参与企业数(家)	排序	参与企业数(家)	排序
中上游	生产制造	硅材料	17	5	17	5	16	6
		硅片	16	6	16	7	14	7
		电子浆料	2	12	2	12	1	12
		电池片	18	3	18	4	21	5
		组件	25	1	29	2	30	3
		光伏玻璃	7	9	8	9	8	10
中下游	系统集成	应用系统	10	8	17	5	24	4
下游	电站建设与运维	电站建设	18	3	33	1	41	1
		发电、售电	19	2	28	3	31	2
		电站检修维护	5	10	7	10	5	11
		合计	155		195		216	

注：由于单个企业可以参与一个或多个产业链环节，所以总和大于当年企业总数。

二　光伏产品的贸易网络特征

相较于油气资源贸易，新能源贸易不以能源资源本身为商品，而是表现为多晶硅、组件、电池等新能源产业链相关产品的贸易。因此，与以资源地理分布为基础的油气贸易显著不同的是，新能源的贸易关系更加多样化，贸易网络的分环节特征更加显著和复杂，其贸易的不平衡性也更强。光伏组件作为光伏产业链中间环节的末端，由于其进入门槛低，且具有加工组装产业的低价值捕获特征，一般被认为是光伏产业进入国际市场的基础。

如图7-6所示，从光伏组件的贸易来看，加入全球光伏贸易网络的国家从1995年的115个增加至2015年的168个，增加了近50%，贸易关系从1995年的1003条增加至2015年的2870条，增加了近2倍。1995年，世界光伏原件的主要出口国是日本、美国、马来西亚、德国和菲律宾，分别占全球光伏组件出口量的30.07%、12.85%、11.85%、

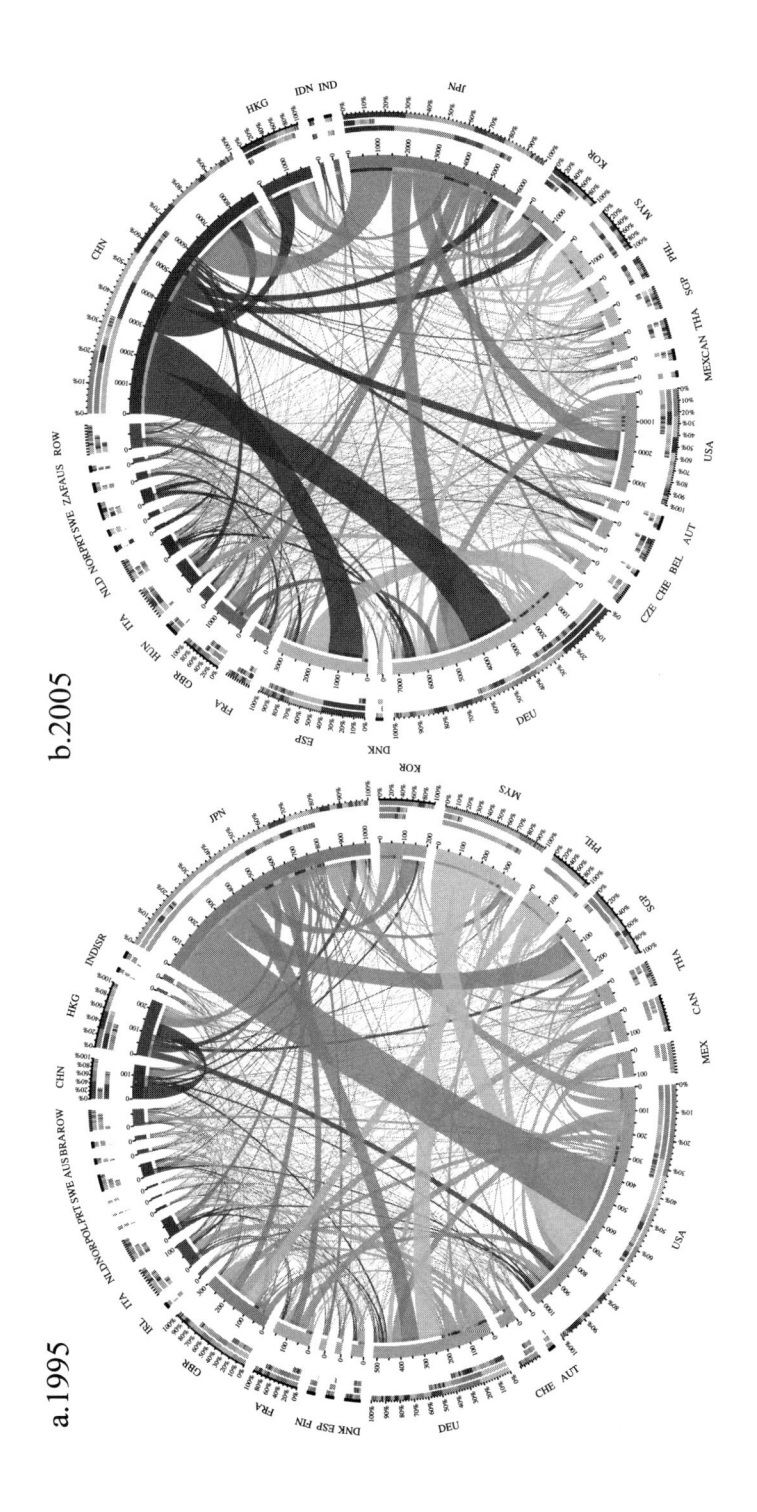

第七章　能源网络下中国光伏产业发展 / 137

b.2005

a.1995

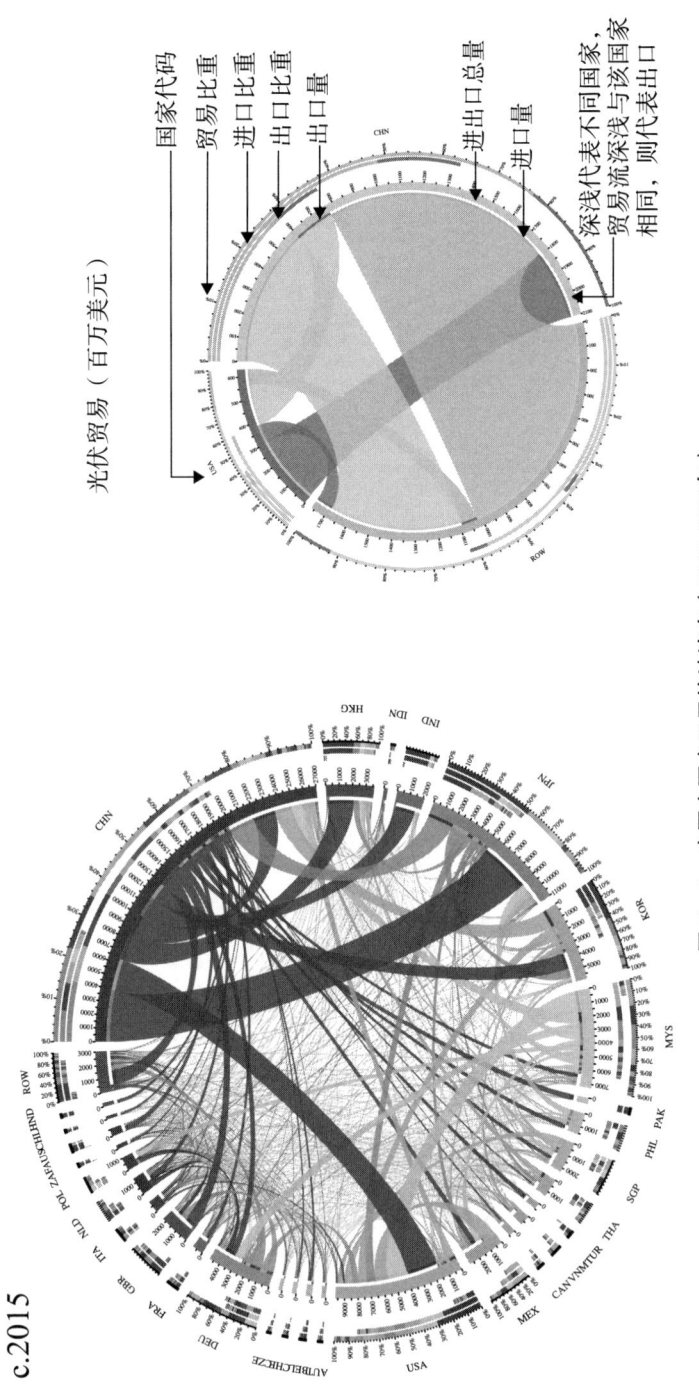

138 / 国际能源网络研究：权力、结构与演化

图 7-6 中国主要出口目的地演变（1995~2015年）

7.88%和6.02%，前五位的出口国占据了68.67%的贸易比重。从中国光伏贸易发展过程来看，1995年中国光伏组件产业处在起步阶段，出口量为1.03亿美元，仅占全球出口量的3.82%，主要出口到韩国和德国等国家，处在东亚/东南亚－北美－西欧主导的全球贸易社团的边缘。

2005年伴随世界制造业的转移，中国和日本在光伏贸易中的比重显著上升，分别占全球出口量的27.06%和23.94%，美国和德国的比重下降明显，光伏贸易中心向亚洲转移。2005年，中国出口量达到59.96亿美元，出口到德国、西班牙、美国、韩国、日本、意大利等65个国家和地区，占据东亚光伏贸易集团的半壁江山。2015年，亚洲国家成为全球光伏贸易的主导国，占全球光伏贸易出口量的80%以上，其中中国、马来西亚、日本和韩国排名前4，分别占全球出口量的41.98%、13.45%、11.10%和7.48%。2015年，中国光伏组件贸易总量达到197.86亿美元，出口到全球141个国家和地区，占全球出口量的41.98%。2015年全球最大的10对光伏组件贸易关系中，中国独占8席。中国在世界光伏组件贸易网络中无论是加权出度还是加权入度均排在全球首位，形成了覆盖全球主要国家和地区的新能源贸易版图。

三 中国光伏企业的海外生产网络

为应对欧美"双反"和贴近消费市场，中国光伏企业自2012年便开始加快"走出去"步伐，积极进行海外生产布局。通过海外投资设厂、资产并购与战略合作等多种方式，加快了中国光伏企业的全球布局与本地化生产战略演进。2013年之后，随着"一带一路"倡议的提出，中国光伏企业加快了走出国门的步伐，一批海外生产基地被迅速建起。根据表7-7统计，截至2019年底，有大约20家光伏企业通过合资、收购、直接投资等方式布局海外产能。中国光伏企业海外产能不断提升，海外电池片有效产能从2015年的3GW左右增加2019年的17GW，组件产能从2015年的4GW左右增至2019年的21GW。

中国企业布局海外生产，一是可以降低贸易摩擦带来的成本损失。如2017年之后，由于印度政府相继出台了多项对中国光伏企业的"双反"政策，中国光伏企业开始通过在印度当地和东南亚国家投资设厂，以规避印度"双反"政策带来的高额征税。这客观上助推了中国光伏产业发展从"中国制造+全球销售"向"全球生产+全球投资"转型。二是可以充分整合产业链，使企业向产业链上下游拓展，以寻求利益最大化。例如，中国光伏企业在越南、马来西亚、泰国等亚太地区布局了硅片、逆变器、光伏玻璃、背板、EVA，以及电站开发、运营服务等产业链不同环节，逐渐建立起了较为完善的产品制造配套体系。

表7-7 中国主要光伏企业海外市场拓展策略与海外业务重点地区分布（截至2019年底）

公司名称	海外市场拓展策略	海外业务重点地区
隆基绿能科技股份有限公司	海外投资建厂，设立分公司；与海外优质客户及伙伴合作	马来西亚、美国、日本、欧洲多国
协鑫（集团）控股有限公司	利用标的公司全球市场资源，配合海外EPC业务，带动光伏产品销售	越南、日本、印度、美国、加拿大、澳大利亚、新加坡、泰国、德国及中东、南美、非洲多国
晶科能源股份有限公司	全球1.2万余名员工及九大全球化生产基地、21个海外子公司；依托不同地区市场特征，开展本地化营销	日本、韩国、越南、印度、土耳其、德国、意大利、瑞士、美国、墨西哥、巴西、智利、澳大利亚、葡萄牙、加拿大、马来西亚、阿联酋、肯尼亚、丹麦
天合光能股份有限公司	广泛布局于共建"一带一路"国家，推广差异化的产品策略	欧洲、澳大利亚、中东、拉美、北美及亚太等100多个国家和地区
阿特斯阳光电力集团股份有限公司	以领先的成本控制和迅速交付优势，分公司遍布全球六大洲20个国家和地区，在海外建立了17个配备世界一流设备的生产基地	美国、巴西、墨西哥、印度、日本、加拿大圭尔夫、泰国曼谷、越南河内、印度尼西亚、巴西圣保罗
晶澳太阳能科技股份有限公司	深度扎根日本，与200多家日本知名企业达成战略合作；近年来，开始向东南亚进行业务拓展	日本47个行政区；越南越安县、马来西亚槟城；在美国、欧洲、日本等市场有较大的份额
通威股份有限公司	农业+光伏的双业务策略	越南、印度尼西亚、孟加拉国、新加坡等东南亚及南亚国家
东方日升新能源股份有限公司	积极储备海外项目	印度尼西亚、印度、尼泊尔、哈萨克斯坦、白俄罗斯、乌克兰、捷克、罗马尼亚、保加利亚、马其顿、柬埔寨

续表

公司名称	海外市场拓展策略	海外业务重点地区
浙江正泰新能源开发有限公司	收购与布局海外企业，提升海外物流配送能力	埃及、越南、泰国、巴拿马、新加坡、马来西亚、巴西、智利、哥伦比亚等
阳光电源股份有限公司	设立海外研发中心和销售基地	德国、意大利、澳大利亚、美国、日本、印度及中东地区等50多个国家和地区
特变电工股份有限公司	主要通过电站EPC总承包方式拓展海外业务	中亚、非洲、美洲、埃及等
江苏林洋能源股份有限公司	与海外知名企业达成深度合作战略，在孟加拉国、立陶宛、新加坡等国家设有研发中心，在孟加拉国、南非、印度尼西亚设立分公司及办事处	欧洲、中东、南亚、东南亚、非洲、南美洲等30多个国家和地区
中利腾晖光伏科技有限公司	占据产业链下游，在全球设有三大生产基地；在海外设有组件工厂、仓库、销售服务公司和若干合作代理商	泰国、印度、欧洲、美国、德国、新加坡、瑞士等

资料来源：根据集邦新能源网络、各公司官网、Wind平台及网络资料汇总。

第四节 中国光伏产业全球竞争优势重塑的驱动机制

基于前述能源权力产生与运行的逻辑及其关键驱动因素，搭建由技术创新、市场需求、主体行为和政策调控四个维度构成的分析框架（见图7-7），将影响光伏产业发展的驱动机制主要归纳为技术创新推动产业链产品成本价格下降、本土市场需求与国际市场的协调、在位企业与新进入企业的策略性博弈、政策调控下的产业周期性波动。

一 技术创新推动产业链产品成本价格下降

光伏行业属于半导体行业，半导体行业是技术导向型行业，技术创新和迭代带来的产品成本与价格的快速下降，使得行业规模迅速扩大。从产业链环节上的技术创新来看，在硅料加工环节，2010年以前，欧

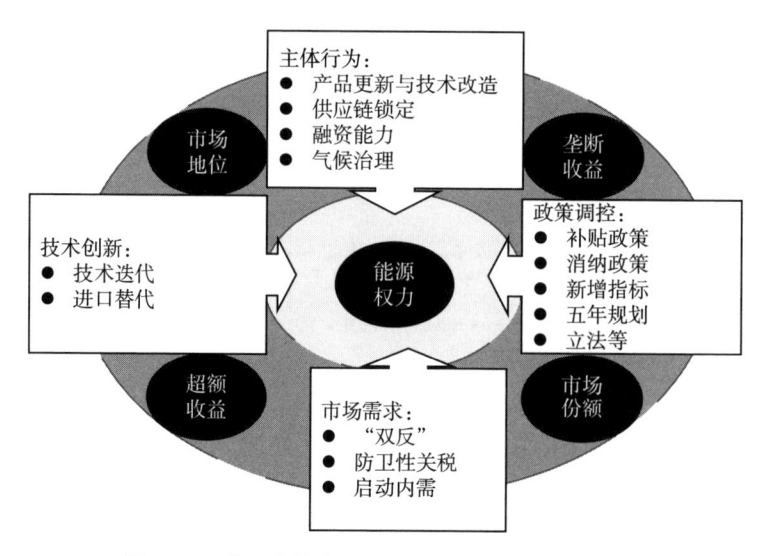

图 7-7　中国光伏产业全球竞争力形成的驱动机制

洲国家、俄罗斯和美国掌握并主导着多晶硅生产，但中国通过技术引进和对技术进行持续研发改进，得以持续引领多晶硅的生产制造环节，到 2014 年中国多晶硅产量占全球的 43%（Zhang and Gallagher，2016）。之后，伴随单晶硅技术的成熟，市场逐渐由多晶硅向单晶硅转型，单晶硅的市场渗透率逐渐从 2016 年的 18.5% 提升至 2018 年的 46%，超过多晶硅的增长。在硅料、硅片、电池片技术升级中，由上而下还经历了硅料冷氢化改造、硅片金刚线切割、电池片 PERC 升级等一系列技术改造，奠定了光伏产业链产品的成本与价格持续下降的基础。如图 7-8 所示，随着技术的进步，过去十年间，光伏发电的度电成本累计下降超过 90%。光伏发电度电成本的降低，极大地刺激了光伏市场的循环累计发展。未来，光伏发电将凭借清洁与经济特性驱动需求稳步增长，全球光伏发电将逐渐进入平价时代。甚至，在中国和欧洲部分地区，光伏发电已经实现平价上网。如图 7-9 所示，2013~2020 年，全球上网电价屡创新低，2020 年全球最低中标电价同比降幅达 19.5%，位于葡萄牙的光伏项目更是实现了 1.32 美分/千瓦时（折合人民币约 0.91 元/千瓦时）的上网电价新低。

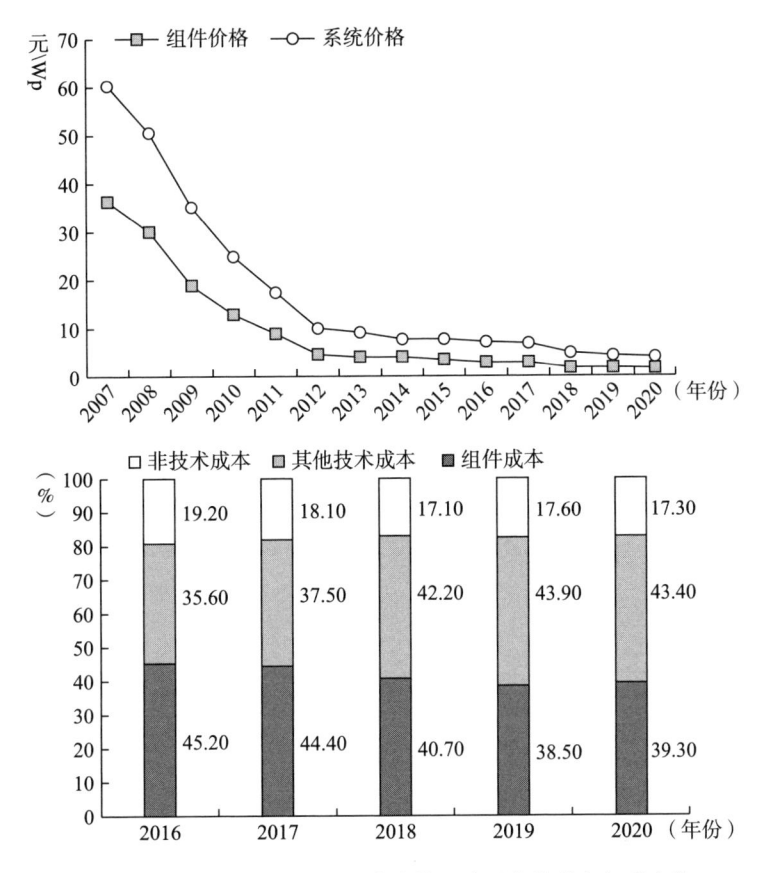

图 7-8　中国国内组件与系统价格及地面电站成本组成变化

资料来源：中国光伏行业协会。

从技术创新的标准指导来看，工信部在"十三五"期间研制并发布了《太阳能光伏产业综合标准化技术体系》，初步建立了光伏产业的综合标准化技术体系。在团体标准方面，中国光伏行业协会标准化技术委员会制定和修订了包括材料、组件、绿色制造等多个领域的标准，集中有效地解决了关键领域标准缺失的问题。截至2020年，中国光伏行业协会共下达9批（78项）团体标准制定计划，包括已发布团体标准37项（见表7-8），其中，发布的户用光伏并网发电系统系列标准等8项被纳入工信部百项团标应用示范项目。在行业发展路线图方面，2016年以来，在工信部指导下，中国光伏行业协会和赛迪智库等连续多年编制发布的《中国光伏产业发展路线图》，有力地指导了光伏产业链上下游各环节的技术走向。

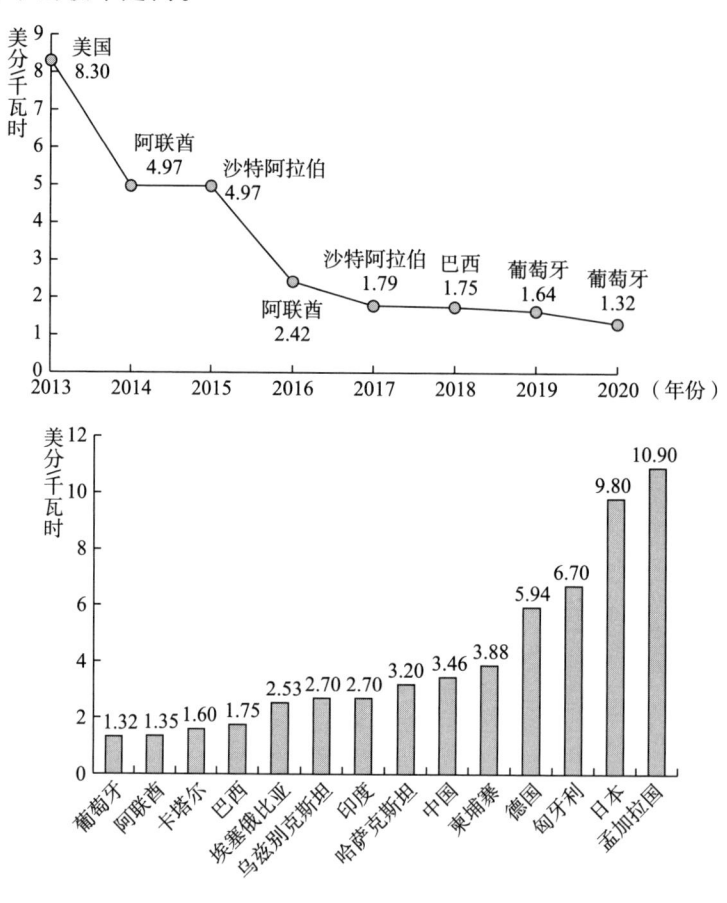

图 7-9 全球各地光伏发电最低中标价

注：上图为2013~2020年全球光伏最低中标电价变化；下图为2019~2020年各国光伏最低中标电价。

资料来源：中国光伏行业协会。

表 7-8 中国光伏行业协会已发布团体标准

单位：项

标准的行业类	已发布	纳入工信部百项团标应用示范项目数
户用光伏发电系统标准	10	1
水上光伏发电系统标准	3	2

续表

标准的行业类	已发布	纳入工信部百项团标应用示范项目数
双面组件电参数测试标准	2	
光伏组件用关键材料标准	6	3
光伏行业绿色制造系列标准	7	
光伏组件、电池、支架、系统等领域标准	9	2

资料来源：整理自中国光伏行业协会、工信部官网。

二 本土市场需求与国际市场的协调

协调本土市场需求与国际市场需求，是中国光伏产业实现全球主导的关键推动力。当部分国际市场因为贸易保护等出口受阻时，中国光伏企业就开始增加本地消纳和积极开拓其他国际市场。而当国内市场电网消纳能力不足或国际市场态势有所缓和时，中国光伏企业则又重新走向国际市场。尤其是2011年和2012年的欧美"双反"所带来的外部压力，是造成中国本土市场快速壮大进而倒逼改革的动因。2011年，中国有将近70%的光伏产品出口至欧洲，但在"双反"发生之后，中国企业开始回归国内市场，增加本地装机量，同时开始通过在越南、泰国、马来西亚乃至东欧国家设立各种类型的工厂来拓展业务。而2018年"531"新政推出后，中国国内光伏产业链价格暴跌。而此时外部市场中，中欧光伏最低价格承诺协议于2018年9月3日到期后正式取消，于是，诸多企业再次向国际市场进军，大量中国光伏产品又顺利进入欧洲市场（见图7-10）。

2017~2018年，印度和美国接连启动了防卫性关税、201条款和301条款等（见表7-9），限制了中国光伏产品的直接出口能力，是中国进一步提升产品质量和向东南亚及全球其他国家转移产能的重要推动力。2017年，中国对印度出口光伏组件8827.74MW，价值30.24亿美元，中国是印度进口光伏组件的第一大国家，印度市场10家光伏组件供应商中有7家来自中国，中国光伏产品占印度市场的85%。较高的

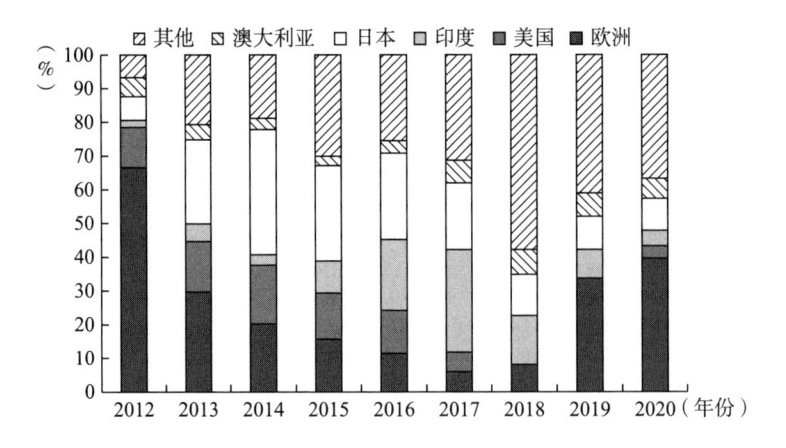

图 7-10 2012~2020 年中国光伏组件出口市场变化

注：2020 年数据为前三季度数据。
资料来源：中国光伏行业协会。

依赖度使得印度政府出台了一系列政策以限制进口中国光伏产品。2017 年 5 月，印度政府向太阳能电池和组件征税 5%，并宣布将于 7 月 1 日正式实施；同年 7 月，印度政府开始对中国光伏产品进行"双反"调查（为期 4~6 个月）；2018 年 1 月，印度政府计划对太阳能电池组件征收 70% 临时关税（持续 200 天）；印度在 2018 年 7 月 26 日启动防卫性关税，中国对印度的出口在 8~10 月反复，陷入低点。在印度政府的一系列政策压力下，中国一方面选择提升产品质量，增加在澳大利亚、日本等注重产品品牌和质量的市场的份额；另一方面则选择在印度当地、泰国和越南等东南亚国家就地建厂，提升当地的嵌入性以保持市场占有率。

表 7-9 2019 年全球光伏贸易的主要壁垒

出口国/地区	关税条款					
	印度	土耳其	美国	美国	美国
	防卫性关税	反倾销关税	201 条款	301 条款	反倾销/反补贴关税
美国	25%	N/A	N/A	N/A	N/A

续表

出口国/地区	关税条款					
	印度	土耳其	美国	美国	美国
	防卫性关税	反倾销关税	201条款	301条款	反倾销/反补贴关税
中国大陆	25%	20美元/m²	25%	10%	27.24%~251.59%
中国台湾	25%	N/A	25%	N/A	N/A
韩国	25%	N/A	25%	N/A	N/A
马来西亚	25%	N/A	25%	N/A	N/A
泰国	0%	N/A	25%	N/A	N/A
越南	0%	N/A	25%	N/A	N/A
印度尼西亚	0%	N/A	0%	N/A	N/A
菲律宾	0%	N/A	25%	N/A	N/A
印度	N/A	N/A	0%	N/A	N/A
土耳其	0%	N/A	0%	N/A	N/A

资料来源：整理自 Energy Trend。

三 在位企业与新进入企业的策略性博弈

从产业链不同环节的集中率来看，2020年全国多晶硅产量达39.2万吨，排名前5的企业产量占国内多晶硅总产量的87.5%，其中前4家企业产量均超过5万吨；2020年全国硅片产量约为161.3GW，排名前5的企业产量占国内硅片总产量的88.1%，且这5家企业产量均超过10GW；2020年全国电池片产量约为134.8GW，排名前5的企业产量占国内电池片总产量的53.2%，其中前4家企业产量均超过10GW；2020年全国组件产量达到124.6GW，排名前5的企业产量占国内组件总产量的55.1%，其中前3家企业产量均超过10GW（见表7-10）。可见，中国光伏产业实际上呈现大部分产能由头部企业高度垄断供应的状态。在这样的市场结构下，在位企业又通过不断提升新增产能与扩产来进一步提升市场占有率，2019~2020年有报道的扩产计划为186个，其中大部分由龙头企业发布，可以预见龙头企业的产业集中度将进一步提升。

表 7-10 中国光伏产业生产制造环节的市场结构

生产制造环节	前 5 位集中度（%） 2018 年	前 5 位集中度（%） 2019 年	前 5 位集中度（%） 2020 年	2020 年产量	龙头企业产量特征
多晶硅	60.3	69.3	87.5	39.2 万吨	前 4 家企业产量均超过 5 万吨
硅片	68.6	72.8	88.1	161.3GW	前 5 家产量均超过 10GW
电池片	29.5	37.9	53.2	134.8GW	前 4 家企业产量均超过 10GW
组件	38.4	42.8	55.1	124.6GW	前 3 家企业产量均超过 10GW

资料来源：中国光伏行业协会和赛迪智库。

在产品更新与技术改造方面，单晶硅和大尺寸硅片作为新技术已经逐步超越多晶硅和小尺寸硅片。龙头企业的扩产行为不仅影响市场结构，而且对产品技术升级也有一定的影响。例如，一些龙头企业通过新技术来进行扩产，推广了单晶硅、PERC 电池及大尺寸硅片等新技术，从而带动行业技术迭代。围绕龙头企业，全球陆续成立了存在潜在竞争关系的"182 联盟"和"600W + 联盟"（见表 7-11），前者呼吁建立统一的 M10 硅片尺寸标准（182mm），而后者则立足于全产业链优势主推 G12（210mm）大尺寸硅片。

表 7-11 光伏企业联盟

企业联盟	联盟内容
182 联盟	2020 年 6 月 24 日，阿特斯、润阳股份、中宇光伏、晶澳科技、晶科能源、隆基股份、潞安集团发布联合倡议，呼吁建立统一的 M10 硅片尺寸标准（182mm）
600W + 联盟	2020 年 7 月 9 日，"600W + 光伏开放创新生态联盟"成立，在此时间内联盟企业超过 60 家，是包含产业链上、中、下游的完整的企业联盟。其目标是主推 G12（210mm）大尺寸硅片

资料来源：PV InfoLink。

从供应链锁定策略来看，硅料-切片、硅片-电池、玻璃-组件、组件-电站等不同环节的供应链锁定行为时有发生，如 2020 年通威股份与天合光能合作形成了"年产 4 万吨晶硅 + 15GW 拉棒 + 15GW 切片 + 15GW 电池"的供应链上下游锁定，大全新能源与上机数控签署为期 3 年的多晶硅供应协议，天合光能与亚玛顿签署 21 亿元的光伏玻璃销售合同等。供应链的锁定，一方面有利于龙头企业实现对上下游原材料和产品的控制，以降低供应的成本、价格与供应中断风险，持续增强国际竞争力，另一方面也会形成垄断定价，对产业链上的诸多企业形成结构性壁垒，不利于行业健康发展。例如，2020 年下半年以来，光伏玻璃价格畸高导致不少组件企业采购困难，给行业发展带来了严重不利影响。2021 年 1 月 22 日，国家市场监督管理总局依法对中国建筑玻璃与工业玻璃协会涉嫌组织部分玻璃企业达成垄断协议行为立案调查。2021 年 2 月 5 日，中国建筑玻璃与工业玻璃协会发表声明称，将积极配合相关调查与接受行业和社会各界监督，并撤回任何有关限产、减产、提前冷修、保窑的倡议，不再参与和组织会员企业开展任何违反《反垄断法》的相关活动。

龙头企业在融资方面具有显著的优势。根据彭博新能源财经（BNEF）数据，阿特斯和天合光能 2019 年的可融资性评分为 100%，2020 年隆基股份、晶澳科技、天合光能、晶科能源和阿特斯的可融资性评分为 100%。事实上，2019 年的大额融资主要发生在硅料环节的通威股份、组件环节的隆基股份以及电站环节的信义能源，而 2020 年在组件环节的通威股份、晶澳科技，以及在辅材方面的南玻 A 以可转债、配股、定向增发等形式实现了融资。

一些在位企业还将全球气候治理的减排目标与企业策略相结合，进一步提升其社会竞争力。例如，晶科能源承诺到 2025 年所有工厂和全球运营 100% 使用可再生能源，隆基股份和阳光电源承诺最晚 2028 年实现全球范围内的生产及运营所需电力 100% 使用可再生能源。

四 政策调控下的产业周期性波动

在光伏产业发展的不同阶段，国家政策的调控作用不可忽视，市场需求抬升大多缘于政策利好，而市场需求预期下降则多缘于财政压力与补贴压力。2010年,"金太阳"示范工程的出台,极大地推动了中国光伏产业的规模化发展。2013年,国家出台标杆电价补贴政策帮助光伏行业走出困境,年底国内行业增速达到212.89%。2016年,"十三五"规划确定2020年累计新增光伏105GW(含分布式),当年光伏新增装机大增,至2016年底已累计新增77GW,行业过快发展透支了"十三五"指标,市场迅速走向另一极端。2017年7月27日,国家释放新增指标86.5GW,光伏行业重新步入上行区间。2018年"531"新政出台后,光伏产业发展遭遇底部预期叠加当年第三季度的需求真空期,光伏行业出现量价齐跌的情况,"十三五"期间出台的光伏政策如表7-12所示。

表7-12 "十三五"期间出台的光伏政策梳理

年份	政策文件
2016	《太阳能发展"十三五"规划》《关于做好风电、光伏发电全额保障性收购管理工作的通知》
2017	《关于开展分布式发电市场化交易试点的通知》《解决弃水弃风弃光问题实施方案》《关于支持光伏扶贫和规范光伏发电产业用地的意见》
2018	《智能光伏产业发展行动计划(2018—2020年)》《清洁能源消纳行动计划(2018—2020年)》《关于2018年光伏发电有关事项的通知》《关于减轻可再生能源领域企业负担有关事项的通知》《光伏扶贫电站管理办法》
2019	《关于积极推进风电、光伏发电无补贴平价上网有关工作的通知》《关于建立健全可再生能源电力消纳保障机制的通知》《关于2019年风电、光伏发电项目建设有关事项的通知》《关于开展智能光伏试点示范的通知》
2020	《关于促进非水可再生能源发电健康发展的若干意见》《关于2020年风电、光伏发电项目建设有关事项的通知》《推动交通运输领域新型基础设施建设的指导意见》

2020年12月12日,习近平主席在气候雄心峰会上宣布,到2030年,中国非化石能源占一次能源消费比重将达到25%左右。为达到这一目标,在"十四五"期间,中国光伏年均新增光伏装机或将为70~90GW(中国光伏行业协会,2020)。可以看到,不同阶段国家相关支持政策的出台,一方面从国家层面给出了明显的政策支持信号,极大地

提振了中国光伏市场信心，促进了光伏产业的发展，但另一方面也引致投资过热，造成产能与需求错位等问题，进而造成产能过剩与消纳压力。从中长期来看，光伏产业发展的两大趋势是替代传统能源与光伏平价后回归电力属性，而传统能源替代的力度与速度依旧取决于政策，所以政策调控的影响仍将长期存在。

第五节 本章小结

本章以光伏行业为例，解析了中国新能源产业发展的阶段特征及在全球价值链中的地位与能源权力，以及技术创新、市场需求、主体行为和政策调控四大驱动因素在不同阶段影响光伏产业发展的具体作用。

第一，与以资源地理分布为基础的油气贸易显著不同的是，新能源的贸易关系更加多样化，贸易网络的分环节特征更加显著和复杂。近年来，在新能源装机需求、新能源发展政策和企业创新等因素综合作用下，中国在新能源贸易方面已经具备全球竞争优势。

第二，中国光伏产业在经历了 2010 年之前的起步阶段、2011～2014 年的起飞阶段、2015～2017 年的主导阶段以及 2018 年以来的转型阶段等四个阶段后，在研发、资本与设备、生产制造、系统集成、电站建设与运维等不同环节，均已占据产业主导地位。

第三，中国光伏产业的全球价值链升级与产业竞争优势的重塑，践行了产品贸易的全球化、主营业务的多元化和一体化发展、海外生产布局扩张以及引领行业标准制定等多方面的发展路径，并逐渐提升了中国在新能源领域参与全球能源治理的话语权。

第四，影响中国光伏产业全球竞争优势重塑的驱动因素为：技术创新推动产业链产品成本价格下降、本土市场需求与国际市场的协调、在位企业与新进入企业的策略性博弈、政策调控下的产业周期性波动。

第八章　结论与展望

针对全球能源形势和国际能源体系发生的重大变革，在前述各章节中，本书从理论上解析了能源权力的概念、内涵和生产逻辑，并依托能源权力这一理论分析工具，以关系网络范式透视了能源资源、产业与经济活动所形成的三种不同类型能源网络的结构特征及其背后的权力关系。本章首先对上述各章节的相关研究结论做了总结；其次立足于中国维护国家能源安全和参与全球能源治理的战略需要，提出了初步的政策建议；最后对本书的不足做了总结，并就新形势下能源网络与能源权力研究的几个重要方向做了简要的展望。

第一节　结论与建议

一　主要结论

第一，处于油气时代的能源具有政治和经济双重属性。能源地缘政治视角下的能源权力诞生于现实归纳、学理类比与范围递推的三重逻辑，其研究主要聚焦能源资源的争夺控制及其对国际政治和国际关系的影响。从能源经济地理视角观察，能源权力产生于市场机制，包括需求侧的产品关联与不完全替代、供给侧的寡头垄断与结构性壁垒、在位与新进入企业的策略性行为，以及国际能源市场交易与价格机制。影响能源权力运行的因素包括重大技术进步带来的颠覆性变革、能源耦合经济发展引发的市场需求的全球性转移、能源产业链配置策略与市场博弈，以及从资源控制到话语权的目标转向等关键驱动因素。展望未来，能源权力与能源网络的经济地理研究，应在商品与全球层面加强国际能源贸易网络结构演化与组织模式的研究，在资产与区域层面展开区域能源投资网络结构特征与演进机制的研究，在产业与国家层面进行发展中国家新能源价值链升级与扩权路径研究。

第二，在经济全球化背景下，能源资源，包括石油和天然气等原本被认为具有战略性资源特征的特殊产品，其商品特征和市场属性越发显著，由此形成了一个由多种能源行为体共同参与、不同品类能源全球流动、多种影响因素交互协同的复杂网络。国际能源贸易网络结构特征与演化机制的研究表明，20世纪90年代以来，世界能源贸易关系不断趋于复杂化。近年来，能源贸易主体数量基本保持稳定，当前占世界总数近80%的国家/地区均参与了能源贸易；国际能源贸易网络同时具有小世界特性与无标度特性；世界能源的进出口格局已发生重塑，能源的出口重心逐渐发生转移。国际能源贸易网络存在三大社团，分别是以美国为首的贸易社团、欧洲－东欧国家贸易社团和东亚－东南亚贸易社团。地理距离、制度差异、历史文化及政治关系等是形成贸易社团的重要因素。核心国家间的贸易依赖存在非对称性，能源需求国进口来源的多元化现象更为突出，东亚、东南亚市场是供给国共同争夺的对象。

第三，识别影响网络形成与演化的关键因素，明确这些因素对能源贸易网络的影响程度及作用机制，是确保网络链接的稳定性与保障能源安全的前提，同时也对能源网络的完善、效率提升及组织目标的实现等具有重要作用。理论上，国际能源贸易网络的形成及演化，必然是能源行为主体属性、环境特征以及网络结构特性等不同层次和维度的多因素共同作用的结果。实证方面，采用指数随机图模型从内生结构效应、行动者－关系效应和外生网络效应三个方面剖析了共建"一带一路"国家石油贸易网络形成的影响因素和机制。研究表明：互惠链接是网络形成的基础，经济规模差异是网络形成演化的前提条件之一；语言邻近和制度邻近可以降低贸易双方的沟通成本，地理邻近和签订贸易协定有利于降低交易成本，它们是促进网络关系形成的重要因素；在偏好依附、择优选择和网络闭合机制作用下，贸易网络形成后便会发生演化；在一定阶段，网络中国家节点的能源权力越大，越有利于形成多种优势，进而形成反馈作用以促进能源贸易网络的持续演化。

第四，由于能源资源的稀缺性、区位的固定性和自然地域的嵌入性，能源部门天然地具有垄断与重资产属性，资产收购过程体现了能源主体对能源资产支配与处置的权力转移。运用复杂网络分析方法，以中亚为例，构建了能源资产收购的有向网络，研究表明，2000~2016年中亚能源市场收购交易的过程可分为较为明显的三个阶段，随着参与收购交易的国家多元化程度的提升，交易集团也实现了多方面的重组，反映出参与中亚能源开发与交易的势力集团的数量在增加，博弈与竞合格局的复杂性在不断抬升，尤其是新兴市场国家进入中亚能源市场的数量和合作深度在提升。从组织模式看，横向收购发生的次数最为频繁，最核心的是石油和天然气的开采行业内部的国家间收购合作；垂直收购的产业非常聚焦且交易量少，主要发生在采矿业、电力、煤炭行业与油气行业之间；少量的多元化收购交易聚焦公共管理、企业管理服务与金融投资活动对油气行业的投资。中亚国家油气的产消与对外供给能力是中国在中亚地区开展国际能源合作以及能源权力关系演变的基础，中亚国家的贸易格局和贸易互动关系是强化因素，而中亚国家油气贸易对中国存在非对称依赖则导致了权力不对称，提高双方在政治、经济与金融多领域的合作深度可以降低权力的不对称性。

第五，与以资源地理分布为基础的油气贸易显著不同的是，新能源的贸易关系更加多样化，贸易网络的分环节特征更加显著和复杂。近年来，在新能源装机需求、新能源发展政策和企业创新等因素综合作用下，中国在新能源贸易方面已经具备全球性的国家竞争优势。以光伏产业为例，中国光伏产业在经历了2010年之前的起步阶段、2011~2014年的起飞阶段、2015~2017年的主导阶段以及2018年以来的转型阶段等四个阶段后，在研发、资本与设备、生产制造、系统集成、电站建设与运维等不同环节，均已掌握产业主导权、具备全球竞争优势。影响中国光伏产业发展的主要因素为：技术创新推动产业链产品成本价格下降、本土市场需求与国际市场的协调、在位企业与新进入企业的策略性博弈、政策调控下的产业周期性波动。在中国光伏企业全球价值链升级与网络扩权的路径方面,需要持续加强产品贸易的全球化,提升主营业务的多元化和一体化程度,利用"一带一路"倡议的优势积极进行海外生产布局,并加强行业标准制定,争取引领全球行业标准制定,以此强化中国在新能源领域的能源治理话语权。

二 政策建议

当前,中国油气进口来源过于集中,难以有效防范地缘风险对国家能源安全造成的隐患;而在以光伏为主的新能源领域尽管已经实现国家竞争优势重塑,但需要持续努力不断提升在能源治理领域的国际影响力和话语权。为此,在前述分析基础上,本节尝试提出中国在世界能源贸易网络中地位与权力提升策略的重点方向,以期更好地维护国家能源安全。

(一)提高油气进口多元化,在不同地区推进差异化经贸合作模式

(1)中东地区。加强与沙特阿拉伯、科威特和阿联酋等掌握中东地区主要油气生产份额且地缘政治相对稳定的国家的经贸合作;与国家石油公司和国际石油公司共同组建合资公司,以避开其对国际资本进入上游勘探开发的政策壁垒;借鉴和推广中石化与沙特阿美的合作模式,吸引这些国家的石油公司共同参与中国炼化项目,扩大双方在石油市场上的共同利益,以强化油气供应的稳定性和持久性。加强与伊朗和伊拉克等高资金需求国家之间的油气合作,以参股和提供工程技术服务等形式参与其石油产能恢复;与国家石油公司组成战略联盟,共同投资开展石油勘探开发,向其上游资源勘探领域纵深,并降低油气开发的地缘政治风险;继续考虑以贷款换石油的模式,为其提供长期贷款并通过协议获得长期稳定的石油供应。加强多方位、广领域的经贸合作,不仅符合"一带一路"倡议的合作精神,也是负责任大国态度的重要体现,并能有效降低对能源合作的敏感性。

(2)非洲地区。非洲的产油国普遍缺乏资金、技术等生产条件,基础设施建设相对薄弱。由于投资风险较高,非洲产油国很难通过外部融资来改善基础设施和发展基础工业。中国与非洲经贸合作的领域广

阔，医药、化工、汽车组装及维修、摩托车组装及维修、家用电器生产或组装、食品生产、纺织服装生产、鞋包类生产、五金产品生产等都是中国具有优势的领域，也是在非洲颇受欢迎的产业，是多数非洲产油国非常需要建立和发展的部门。可实行政府主导的经贸合作，由石油企业牵头，组建跨国投资集团进行联合投资，加强在经贸领域的互利合作，增加双方利益共同点，强化彼此在经济领域和能源领域的相互依存性，构筑双方新型经济战略伙伴关系，打破其与西方石油公司从殖民时期就已建立的长期依附关系。

（3）中南美洲地区。中南美洲国家的资源民族主义与资源国有化是与其开展油气合作必须重视的重要风险因素。合作的重点国家包括委内瑞拉、哥伦比亚和巴西等。在委内瑞拉形势尚不明朗的情况下，通过现金石油贸易能有效地降低不确定风险；国有化加大了中南美洲的贷款和融资困难，通过资产收购和参股欧洲石油公司的曲线进入模式是获得中南美洲石油资源的重要方式；中南美洲地区对于合作中的政治敏感性较高，其可通过以企业为主体的方式进行参与，同时签订投资保护条约积极推进本地化战略，消除政治顾虑。

（4）俄罗斯及中亚－里海沿岸国家。该区域国家对中国陆上石油供应和运输安全有着极为重要的战略意义，合作的重点主要是俄罗斯、哈萨克斯坦和土库曼斯坦。国际金融危机后，俄罗斯在油气开发和管道建设方面资金需求巨大，中亚经济发展落后，能源矿产资源开采与加工业都需要大量的建设资金，贷款换石油模式具有广阔的发展空间。俄罗斯政府加大对能源产业的控制力度，可以通过石油资源换市场，向俄罗斯有条件地开放中国炼化和销售市场，换得上游勘探开发作业权，深化两国在石油市场上的共同利益。上海合作组织内部同时存在战略卖家与买家，是较为完整的地区能源市场，双方可在上合组织框架下建立能源供求一体化模式，组建上合组织能源俱乐部，建立区域能源市场机制。广泛推进次区域经济合作是促进中国与中亚－里海地区能源合作向高层次演进的重要途径。尤其是中亚国家经济结构单一，轻工业基础薄弱，进口依赖性强，深化经贸合作、推动双方石油合作是长期可持续的合作模式。

（5）美国与加拿大。美国、加拿大的石油产量分别居于世界第一位和第四位，2017年石油产量为8亿吨，占世界石油的比重达到18.4%，是世界地缘政治最稳定、能源供应前景较为明朗的产油国。但从目前来看，美国和加拿大均不是中国主要的石油进口国。美国和加拿大具备大规模出口油气的能力且正在积极寻求国际市场，而中国能源需求旺盛，双方具有合作的基础，可考虑从美国和加拿大购买石油和天然气，并加快双边液化天然气长期协议的谈判，开启多方位的天然气技术贸易。此举存在降低中美贸易摩擦的可能性，促进双方的贸易平衡，并强化中国进口来源的多元化。

（二）推动建立务实高效的国际能源合作机制，构建能源命运共同体

（1）推动建立务实高效的多边能源合作机制。中国一直积极倡导全球能源治理，并广泛参与全球性能源组织以及综合性、区域性国际组织的能源议题，加强与世界各国的沟通和合作，共同维护国际能源市场稳定。但目前中国相关国际能源合作的框架和协议多为原则性的，尚缺乏实质的能源合作框架。2015年，《推动共建丝绸之路经济带和21世纪海上丝绸之路的愿景与行动》明确提出"加强能源基础设施互联互通合作，共同维护输油、输气管道等运输通道安全""推进能源资源就地就近加工转化合作，形成能源资源合作上下游一体化产业链"等国际能源合作议题。未来应在"一带一路"倡议的基本框架下，形成具有实际意义和约束力的多边能源合作机制，形成维护共同利益的能源命运共同体。增进彼此之间的政治信任，以保证达成的多边能源合作的实用性和稳定性。

（2）探索建立跨区域能源联合储备机制。中国可在中东、中亚和俄罗斯等双方政治信任度高的国家实行联合能源储备，此举可以稳定东道国长期的能源供给，减小由战争、极端事件、国际政治形势变化带来的冲击，规避能源市场价格波动的影响，必要时可同时协调多区域跨国储备，以最大限度地应对极端条件下能源供给中断风险。

（3）加强能源深加工合作与技术服务贸易。中国主要油气进口国

油气产业的重点已经从单纯的油气贸易向中下游炼化领域发展。但多数国家油气加工企业开工率低、生产工艺落后，导致其产品加工深度不足，石化行业的国民经济带动力不足。中国相关技术已经比较成熟，达到了千万吨级炼油、百万吨级乙烯一体化的国际先进标准，且炼化、氯碱、化肥、轮胎、合成材料等大石化及其衍生行业存在严重的产能过剩。因此，可探索加强能源深加工与技术服务合作，在油气产业链前端和后端加强技术贸易服务，进而促进国际石化行业产能合作。

（三）聚焦能源领域重大技术突破，争取引领新一轮世界能源变革

新一轮全球能源革命的核心是新能源产品替代、传统能源清洁化和能源终端利用模式智能化。中国目前已建成一批具有国际先进水平的重大能源技术示范工程，在太阳能、风电、特高压直流技术等若干领域已达到世界先进水平，在传统能源清洁化和低碳发展方面取得了举世瞩目的成绩，但仍与世界能源科技强国存在差距，对于引领世界能源革命还稍显乏力。因此，在新一轮全球能源革命的大潮中，中国应聚焦能源安全领域的重大技术突破，谋求引领世界能源变革，增强国际能源话语权。

突破全球能源技术革命，抢占关键技术与标准制定的制高点，推动中国从能源产消大国转变为能源技术强国和标准制定国。从当前中国最具优势的光伏产业来看，中国已是全球最大的光伏产品制造国，进一步发展则需要通过贯彻实施制造强国战略，通过持续制定光伏产业标准、团体标准和发展路线图，主导行业标准制定，提升中国光伏产业的全球话语权和影响力，进而引领全球光伏行业持续健康发展。围绕产业链上、中、下游的构成与合作关系，一是要加快推进现有标准与产业的同步；二是要系统地制定和修订产业发展迫切需要的标准，优先制定基本通用标准、试验方法标准、关键技术和产品标准，加快对过时技术指标和标准的修订，提升指标和标准的支持水平和引领作用；三是要充分发挥龙头企业、行业组织和科研机构的作用，在国家标准和行业标准制修订的基础上，积极鼓励有实力的企业、机构和组织参与国际标准的制定，促进中国技术指标和标准成为国际通用指标和标准，引领全球光伏

产业、技术和市场发展方向。

引领全球能源供给革命，率先建设跨国、跨洲能源互联网，加强能源战略储备，全面确保国家用能安全。一是主动出击重构国际能源供应版图，率先探索建设跨国能源互联网。重点推进与共建"一带一路"国家的能源互联互通，加快跨国能源通道建设，提高陆上通道运输能力，全面提高中国和共建"一带一路"国家能源供需的互补互济水平。推动共建"一带一路"国家共商共建共享电力基础设施网络，率先探索建设跨国能源互联网。二是优化国内能源生产布局，因地制宜地推进区域能源开发基地、加工转换基地与能源输送通道的协同规划、协同建设，建立高效协同的多元能源供应体系，加快建设海上油气战略接续区，稳步推进海洋能开发利用。三是加强能源战略储备与应急管理能力。扩大能源储备规模，建立政府储备与企业储备并重、中央储备与地方储备分层、资源储备与技术储备结合、战略储备与应急响应兼顾、国内储备与国际储备互补的能源储备机制，增强长期战略储备能力。

第二节　不足与展望

一　主要不足

第一，对构成能源网络的金融、信息、人才（就业）和设施等要素的讨论有限。本书从能源经济地理视角选取能源资源贸易网络、能源资产贸易网络和新能源产业网络，进行了国际能源贸易网络的结构特征、组织模式与影响机制的多尺度探索。但能源网络由多种要素交互作用构成，囿于个人精力与认知，本书未能对构成能源网络的信息、人才（就业）和基础设施等其他诸多要素做进一步的讨论，这些内容将在课题的整体设计下由团队的其他人员分工进行。

第二，对能源网络的环境效应关注不足。近年来，能源消费及其引发的气候环境问题广受关注。然而，在既有能源权力分析框架下，对能源利用的环境负外部性认识不足，在国家竞争与零和博弈的基础上更是无法通过集体行动实现这种负外部性的内部化。另外，新能源技术的推广对化石燃料的替代效应如何，也无法从能源权力视角给出令人满意的答案。若是轻视能源利用及其消费关联的气候环境效应，仅仅从能源的占有、控制与配置等方面研究国际能源体系，对于上述问题并不能给出很好的回答。这也反映了能源权力分析框架的不足。

第三，对能源网络背后的隐含能源网络未能进行研究。中国是当前全球最大的能源消费国和进口国，每年会进口大量石油和天然气能源作为重要的基础原材料和动力。但中国作为制造业大国和贸易大国，进口的能源并非单纯服务于自身需求，还会以商品贸易的形式再次出口到欧美及世界各国。本书对嵌入全球商品贸易中隐含能源转移的网络关系未能予以关注，在未来的能源网络与能源权力研究中需要加以区分并进行系统刻画。

二 研究展望

能源权力产生与演化的作用机制的理论与实践探索，是能源地缘政治与能源经济地理的核心命题之一，需要进行长期的跟进研究。第一，2016年以来，逆全球化思潮暗流涌动，为此有必要探讨全球化视角下世界能源权力的演变、地理空间与权力的相互依赖关系、权力秩序的重构及其效应等方面的研究，科学认知和研判世界能源权力演化的基本规律并注重在已有研究基础上进行研究尺度的下沉。第二，随着大数据与模拟技术的应用，要从地缘格局的变化规律拓展到重大能源事务所引发的不确定性能源地缘格局的模拟与重构研究。第三，能源安全思维与国际能源战略模式的研究，要从国家联盟进行尺度上移，拓展到全球能源治理体系的研究。

（一）复杂能源网络中权力运行机制的研究

既有相关研究在理论演绎与定性研究的基础上，逐渐在数据统计和指标体系评价等方面不断做出更新与改进，并得到了一系列有价值的研究成果。然而，已有研究多以能源供需和贸易为权力的核心，缺乏对经济全球化、新能源发展和全球能源治理等因素影响下的多维复杂能源权力的综合考量。事实上，无论何种能源权力，其产生与流动均嵌入在复杂的能源权力网络中，而目前相关研究多关注能源贸易的网络关系，在一定程度上忽视了当前已经形成的多种能源利益主体相互关联、互动反馈的权力关联网络。对多主体与多因素共同作用下的能源网络的稳定性、不同影响因素的传导模式和运行机制、能源网络的组织机理与运行风险评估等方面的研究相对薄弱。迫切需要以能源权力及其相互关联为切入点，构建多层次、多主体、多要素的能源权力网络，研究网络的结构、功能、组织模式、权力传导路径和运行机制，解析全球多元能源权力属性及其权力关联关系。

（二）重大能源热点事件的影响与模拟研究

能源权力的发生和传导必然嵌入在一定地理空间中，尤其是能源热点地区和能源热点事件的权力产生、变化与权力转移都依赖于地理空间。在具象的地理空间和能源事件中，能源权力被细化，权力传导更直接，权力影响因素更加具体，且直接影响到一国的能源行为和能源安全。例如，美国"能源独立"引发全球能源供需格局的转变，尤其是中东地区能源权力再分配，中国、日本、印度、韩国和欧盟国家等能源消费国在中东的权力关系也将发生连锁反应。2020年初全球能源消费因疫情而骤减，与此同时，沙特阿拉伯与俄罗斯发起能源价格战，两者的叠加效应导致全球能源市场出现剧烈动荡，引发世界能源供需格局的变化。这些重大突发事件与全球能源供需之间的关系，加剧了全球性的能源权力嬗变，对未来能源局势影响深远。需要有针对性地加强对重大能源热点事件的权力传导机制与模拟的研究。为此，可以借助大数据的手段、政策模拟工具等，对能源开发、地缘政治、经济发展、国际投资、油气管道、贸易关系、新能源发展等方面的权力博弈过程和权力关系变化进行模拟分析，加强对能源权力结构和能源权力网络重塑的科学预判。

（三）全球能源治理机制及其治理模式研究

广泛参与的全球能源治理机制是未来全球能源权力博弈的重要平台。既有的全球能源治理平台与行动框架面临着一系列的问题与挑战，导致全球治理实践进展迟滞，相关研究也比较零散，从学术上探讨具有全球接受力和约束力的能源机制、重要的治理平台、治理议题与治理模式是未来研究的重要方向。从当前来看，未来要聚焦的重大能源治理议题包括两种。一是聚焦 G20 的能源治理议题可能引发的能源利益相关主体的权力博弈和折冲，阐述 G20 全球能源治理行为对不同能源利益相关主体能源权力的约束和影响程度，以应对能源环境挑战、打造可持续未来并逐步推进全球能源治理机制完善；二是国家治理的责任与国家自主贡献（NDCs），这是实现全球气候变化下的控温目标与联合国 2030 年可持续发展目标（SDG2030）的关键，同时也是解决发展中国家与发达国家关于未来发展权的争议所在。学界应在全球治理机制与模式上率先开展相关研究，为新的全球能源治理体系建设提供科学的依据。

参考文献

安海忠，陈玉蓉，方伟，高湘昀．国际石油贸易网络的演化规律研究：基于复杂网络理论［J］．数学的实践与认识，2013，43（22）．

安维华．中国与中东的能源合作［J］．西亚非洲，2001（1）．

白小川，洪建军，徐力源．能源安全：欧美中三角关系中的一大难题［J］．现代国际关系，2007（10）．

〔英〕鲍勃·杰索普．治理的兴起及其失败的风险：以经济发展为例的论述［J］．漆蕪译．国际社会科学杂志（中文版），1999（1）．

〔瑞典〕博·黑恩贝克．石油与安全［M］．俞大畏等译．北京：商务印书馆，1976．

蔡拓，杨雪冬，吴志成主编．全球治理概论［M］．北京：北京大学出版社，2016．

成升魁，闵庆文，闫丽珍．从静态的断面分析到动态的过程评价——兼论资源流动的研究内容与方法［J］．自然资源学报，2005（3）．

成升魁，沈镭，闵庆文等．资源科学研究的新视角——自然资源流动过程的研究［J］．资源科学，2006（2）．

成升魁，甄霖．资源流动研究的理论框架与决策应用［J］．资源科学，2007（3）．

成升魁．资源科学几个问题探讨［J］．资源科学，1998（2）．

程剑鸣主编．国际贸易基础知识（第3版）［M］．北京：中国财政经济出版社，2012．

崔守军．能源大冲突：能源失序下的大国权力变迁［M］．北京：石油工业出版社，2013．

崔守军．能源大外交：中国崛起的战略支轴［M］．北京：石油工业出版社，2012．

〔美〕丹尼斯·朗．权力论［M］．陆震纶，郑明哲译．北京：中国社会科学出版社，2001．

邓智团．非对称网络权力与产业网络的空间组织——以我国台湾地区流行音乐产业网络为例［J］．中国工业经济，2010（3）．

董瑜，谢高地．资源场理论及其在资源流动中的应用［J］．地理科学，2001（5）．

杜德斌，范斐，马亚华．南海主权争端的战略态势及中国的应对方略［J］．世界地理研究，2012，21（2）．

方锦清，汪小帆，郑志刚等．一门崭新的交叉科学：网络科学（上）［J］．物理学进展，2007（3）．

〔法〕菲利普·赛比耶-洛佩兹．石油地缘政治［M］．潘革平译．北京：社会科学文献出版社，2008．

甘卫华，刘振梅．光伏产业技术特征和政策研究：一个文献综述（2009—2013年）［J］．科技管理研究，2015，35（11）．

高兰．中日东海油气田合作开发与"东亚能源共同体"的建设［J］．世界经济研究，2009（5）．

耿亚新．太阳能光伏产业链垂直一体化构建研究［D］．西北大学，2011．

工业和信息化部办公厅．工信部印发《太阳能光伏产业综合标准化技术体系》［EB/OL］．https://guangfu.bjx.com.cn/news/20170522/826742.shtml．2017-05-22．

谷树忠．资源势——资源空间利用的测度［J］．国土与自然资源研究，1993（1）．

管清友，何帆．中国的能源安全与国际能源合作［J］．世界经济与政治，2007（11）．

郭庆方，张洪瑞．产业链环节布局与中国光伏产业发展［J］．中国能源，2020，42（8）．

国际能源署．中国参与全球能源治理之路［R］．2016．

国家发改委能源研究所，英国帝国理工大学葛量洪研究所．全球能源治理改革与中国的参与（征求意见报告）［R］．2014．

国家应对气候变化战略研究和国际合作中心，国家发展和改革委员会能源研究所，美国能源创新．中国气候与能源政策方案——定量分析及与"十三五"规划期的政策建议［EB/OL］．https://china.energypolicy.solutions/docs/20160703_ExecutiveSummary_CN.PDF．2016 - 07 - 03．

郝丽莎，赵媛．世界石油资源空间分布格局演化分析［J］．自然资源学报，2010，25（11）．

何一鸣，马丽娟．世界石油资源格局及中国的应对策略［J］．国际经贸探索，2006（4）．

何则，杨宇，刘毅，金凤君．世界能源贸易网络的演化特征与能源竞合关系［J］．地理科学进展，2019，38（10）．

何则，杨宇，宋周莺，刘毅．中国能源消费与经济增长的相互演进态势及驱动因素［J］．地理研究，2018，37（8）．

何则，周彦楠，刘毅．2050年中国能源消费结构的系统动力学模拟——基于重点行业的转型情景［J］．自然资源学报，2020，35（11）．

贺灿飞，胡绪千，罗芊．全球 - 地方出口溢出效应对新企业进入出口市场的影响［J］．地理科学进展，2019，38（5）．

贺灿飞，杨汝岱．贸易经济地理研究［M］．北京：经济科学出版社，2020．

洪思偲．全球价值链下中国光伏产业升级路径的探讨［D］．南京大学，2015．

胡志丁，葛岳静，徐建伟．尺度政治视角下的地缘能源安全评价方法及应用［J］．地理研究，2014，33（5）．

黄运成，陈志斌．高油价时代的国际石油地缘政治与中国石油贸易格局［J］．资源科学，2007（1）．

姜克隽，胡秀莲，刘强等．中国2050年低碳发展情景研究［A］// 2050

中国能源和碳排放研究课题组. 2050中国能源和碳排放报告[M]. 北京：科学出版社，2009.

姜克隽. 一个强有力的2050碳减排目标将非常有利于中国的社会经济发展[J]. 气候变化研究进展，2019，15（1）.

姜姝，张植荣. 东海油争：能源地缘政治与中日钓鱼岛争端[J]. 中国地质大学学报（社会科学版），2014，14（2）.

金凤君等. 功效空间组织机理与空间福利研究[M]. 北京：科学出版社，2013.

金凤君. 基础设施与经济社会空间组织[M]. 北京：科学出版社，2012.

景秀艳. 生产网络、网络权力与企业空间行为[M]. 北京：中国经济出版社，2008.

孔斌. 油权—石油地缘政治新视角[D]. 外交学院，2014.

郎一环，王礼茂. 石油地缘政治格局的演变态势及中国的政策响应[J]. 资源科学，2008（12）.

李兵，高波，葛家理，康绍邦，于永达. 石油安全：中国经济可持续发展的保障[J]. 人民论坛，2004（5）.

李博，张文忠，余建辉，刘倩倩. 能源富集区市域经济发展水平空间格局演变——基于晋陕蒙甘宁地区[J]. 自然资源学报，2020，35（3）.

李华姣. 基于异质网络模型的全球能源投资与竞争合作格局研究[D]. 中国地质大学（北京），2016.

李兰兰，徐婷婷，李方一，焦建玲. 中国居民天然气消费重心迁移路径及增长动因分解[J]. 自然资源学报，2017，32（4）.

李岩，王礼茂. 从地缘政治角度看中国石油进口运输安全[J]. 资源科学，2008（12）.

李卓. 石油战略储备与能源利用效率对石油消费的动态影响[J]. 数量经济技术经济研究，2005（6）.

梁芳. 美国控制海上战略通道的理论实践与启示[J]. 中国海洋大学学报（社会科学版），2019（5）.

梁巧梅，魏一鸣，范英，Norio Okada. 中国能源需求和能源强度预测的情景分析模型及其应用 [J]. 管理学报，2004（1）.

刘建文，廖欣. 中国–东盟能源合作及区域性能源安全体系的构建 [J]. 学术论坛，2016，39（11）.

刘军，David Willer, Pamela Emanuelson. 网络结构与权力分配：要素论的解释 [J]. 社会学研究，2011，25（2）.

刘军. 整体网分析 [M]. 上海：格致出版社，2019.

刘立涛，沈镭，高天明，刘晓洁. 中国能源安全评价及时空演进特征 [J]. 地理学报，2012，67（12）.

刘强，陈怡，滕飞等. 中国深度脱碳路径及政策分析 [J]. 中国人口·资源与环境，2017a，27（9）.

刘强，田川，郑晓奇，陈怡. 中国电力行业碳减排相关政策评价 [J]. 资源科学，2017b，39（12）.

刘卫东，Michael Dunford，高菠阳. "一带一路"倡议的理论建构——从新自由主义全球化到包容性全球化 [J]. 地理科学进展，2017，36（11）.

刘卫东. "一带一路"战略的科学内涵与科学问题 [J]. 地理科学进展，2015，34（5）.

刘逸. 战略耦合的研究脉络与问题 [J]. 地理研究，2018，37（7）.

刘毅. 沿海地区能源供需保障与解决途径研究 [J]. 地理学报，1999（6）.

龙如银，杨家慧. 国家矿产资源安全研究现状及展望 [J]. 资源科学，2018，40（3）.

陆大道. 区域发展及其空间结构 [M]. 北京：科学出版社，1995.

〔美〕罗伯特·基欧汉. 霸权之后：世界政治经济中的合作与纷争 [M]. 苏长和，信强，何曜译. 上海：上海人民出版社，2006.

〔美〕罗伯特·基欧汉，约瑟夫·奈. 权利与相互依赖（第四版）[M]. 门洪华译. 北京：北京大学出版社，2012.

马克斯·韦伯. 经济、诸社会领域及权力 [M]. 李强译. 上海：生活·

读书·新知三联书店，1998.

马妍. 全球能源治理变局：挑战与改革趋势 [J]. 现代国际关系，2016 (11).

马远，徐俐俐. "一带一路"沿线国家天然气贸易网络结构及影响因素 [J]. 世界经济研究，2017 (3).

毛汉英. 中国与俄罗斯及中亚五国能源合作前景展望 [J]. 地理科学进展，2013，32 (10).

莫辉辉. 交通运输网络的复杂性研究——基于结构、过程与机理的探讨 [D]. 中国科学院大学，2011.

潘家华. 负面冲击正向效应——美国总统特朗普宣布退出《巴黎协定》的影响分析 [J]. 中国科学院院刊，2017，32 (9).

裴广强. 近代以来西方主要国家能源转型的历程考察——以英荷美德四国为中心 [J]. 史学集刊，2017 (4).

戚凯. 全球能源安全治理：风险挑战、国际合作与中国角色 [J]. 国际论坛，2017，19 (4).

潜旭明. 美国能源霸权探析——基于能源地缘政治学的视角 [J]. 江南社会学院学报，2013，15 (1).

邱灵，方创琳. 生产性服务业空间集聚与城市发展研究 [J]. 经济地理，2012，32 (11)：76–80.

渠立权，骆华松，胡志丁，洪菊花. 中国石油资源安全评价及保障措施 [J]. 世界地理研究，2017，26 (4).

[比利时] 让—雅克·贝雷比. 世界战略中的石油 [M]. 时波，周希敏，贺诗运译. 北京：新华出版社，1980.

任重远，邵江华. "沙特阿拉伯2030愿景"下的中沙油气合作展望 [J]. 国际石油经济，2016，24 (10).

申玉铭. 经济全球化与国家能源安全 [J]. 世界地理研究，2003 (3).

沈静，曹媛媛. 全球价值链绿色化的概念性认知及其研究框架 [J]. 地理科学进展，2019，38 (10).

沈镭，刘晓洁. 资源流研究的理论与方法探析 [J]. 资源科学，2006 (3).

沈镭,薛静静.中国能源安全的路径选择与战略框架[J].中国人口·资源与环境,2011,21(10).

盛亚,彭哲.网络核心成员的网络权力影响机制:基于COPS的探索性案例研究[J].科技进步与对策,2015,32(21).

史丹.全球能源格局变化及对中国能源安全的挑战[J].中外能源,2013,18(2).

史忠良主编.产业经济学(第二版)[M].北京:经济管理出版社,2005.

宋辉,倪自银.光伏产业链节点的技术与经济特征分析——以江苏省为例[J].华东经济管理,2014,28(7).

〔英〕苏珊·斯特兰奇.国际政治经济学导论——国家与市场[M].杨宇光译.北京:经济科学出版社,1990.

孙国强,石文萍,于燕琴,张红兵.技术权力、组织间信任与合作行为:基于沁水煤层气网络的领导—追随行为研究[J].南开管理评论,2019,22(1).

孙国强,王燕芳,吉迎东.网络权力演化理论回顾与展望[J].华东经济管理,2018,32(3).

孙国强,张宝建,徐俪凤.网络权力理论研究前沿综述及展望[J].外国经济与管理,2014,36(12).

孙溯源.国际石油公司研究[M].上海:上海人民出版社,2010.

孙阳昭,蓝虹.全球能源治理的框架、新挑战与改革趋势[J].经济问题探索,2013(11).

孙永磊,党兴华.基于知识权力的网络惯例形成研究[J].科学学研究,2013,31(9).

唐旭,冯连勇,赵林.基于广义翁氏模型的世界石油供应格局预测[J].资源科学,2009,31(2).

童昕,王涛,李沐.无锡光伏产业链中的全球-本地联系[J].地理科学,2017,37(12).

〔英〕瓦尔·卡尔松,什里达特·兰法尔主编.天涯成比邻——全球治理委员会的报告[R].1995.

王广谦主编. 经济全球化进程中的中国经济与金融发展［M］. 北京：经济科学出版社, 2005.

王恒, 廖勇. 金融危机中的世界能源秩序与我国能源外交［J］. 西南科技大学学报（哲学社会科学版）, 2010, 27（6）.

王俊豪主编. 产业经济学［M］. 北京：高等教育出版社, 2008.

王礼茂, 牟初夫, 陆大道. 地缘政治演变驱动力变化与地缘政治学研究新趋势［J］. 地理研究, 2016, 35（1）.

王礼茂. 中国资源安全战略——以石油为例［J］. 资源科学, 2002（1）.

王能全. 石油的时代［M］. 北京：中信出版集团, 2018.

王文涛, 刘燕华, 于宏源. 全球气候变化与能源安全的地缘政治［J］. 地理学报, 2014, 69（9）.

王晓宁. 中国太阳能光伏产业链剖析及其对产业的影响［J］. 电器工业, 2008（7）.

王亚栋. 世界能源地缘政治图景：历史与发展［J］. 国际论坛, 2003（2）.

王宜强, 赵媛, 郝丽莎. 能源资源流动的研究视角、主要内容及其研究展望［J］. 自然资源学报, 2014, 29（9）.

王义桅. 超越均势：全球治理与大国合作［M］. 上海：上海三联书店, 2008.

〔美〕威廉·恩道尔. 石油大棋局：下一个目标中国［M］. 戴健, 李峰, 顾秀林译. 北京：中国民主法制出版社, 2011.

〔美〕威廉·恩道尔. 石油战争：石油政治决定世界新秩序［M］. 赵刚等译. 北京：知识产权出版社, 2008.

卫培. 安哥拉产量分成合同和风险服务合同比较分析［J］. 石油化工技术与经济, 2019, 35（4）.

魏一鸣, 廖华等编著. 能源经济学（第三版）［M］. 北京：中国人民大学出版社, 2020.

吴磊. 中国能源安全面临的战略形势与对策［J］. 国际安全研究, 2013, 31（5）.

吴磊. 中国石油安全［M］. 北京：中国社会科学出版社, 2003.

吴巧生，王华，成金华．中国可持续发展油气资源安全态势［J］．中国工业经济，2003（12）．

夏义善主编．中国国际能源发展战略研究［M］．北京：世界知识出版社，2009．

［美］小约瑟夫·奈．理解国际冲突：理论与历史（第五版）［M］．张小明译．上海：上海人民出版社，2005．

肖建忠，彭莹，王小林．天然气国际贸易网络演化及区域特征研究——基于社会网络分析方法［J］．中国石油大学学报（社会科学版），2013，29（3）．

谢永平，韦联达，邵理辰．核心企业网络权力对创新网络成员行为影响［J］．工业工程与管理，2014，19（3）．

熊琛然，王礼茂，屈秋实，向宁，王博．地理学之地缘政治学与地缘经济学：学科之争抑或学科融合？［J］．世界地理研究，2020，29（2）．

徐建山．论油权——初探石油地缘政治的核心问题［J］．世界经济与政治，2012（12）．

徐俐俐，马远．"丝绸之路经济带"天然气贸易格局的复杂网络分析［J］．新疆农垦经济，2017（1）．

徐玲琳，王强，李娜等．20世纪90年代以来世界能源安全时空格局演化过程［J］．地理学报，2017，72（12）．

徐小杰．新世纪的油气地缘政治：中国面临的机遇与挑战［M］．北京：社会科学文献出版社，1998．

许勤华．G20峰会为全球能源治理提供中国机会［J］．能源研究与利用，2016（5）．

许勤华．中国全球能源战略：从能源实力到能源权力［J］．人民论坛·学术前沿，2017（5）．

闫世刚，刘曙光．新能源安全观下的中国能源外交［J］．国际问题研究，2014（2）．

严云鸿主编．国际贸易理论与实务（第二版）［M］．北京：清华大学出版社，2007．

杨东辉. 石油安全战略探析 [J]. 学术交流, 2006 (1).

杨文龙, 杜德斌, 马亚华. 经济权力视角下中美战略均势的地理透视 [J]. 地理研究, 2017, 36 (10).

杨鑫, 安海忠, 高湘昀. 国际天然气贸易关系网络结构特征研究: 基于复杂网络理论 [J]. 资源与产业, 2012, 14 (2).

杨宇, 何则. 构建中国与中亚能源合作政策保障机制 [N]. 中国能源报, 2017-11-13 (5).

杨宇, 何则, 刘毅. "丝绸之路经济带"中国与中亚国家油气贸易合作的现状、问题与对策 [J]. 中国科学院院刊, 2018a, 33 (6).

杨宇, 何则. 能源地缘政治与能源权力研究 [J]. 地理科学进展, 2021, 40 (3).

杨宇, 何则. 中国海外油气依存的现状、地缘风险与应对策略 [J]. 资源科学, 2020, 42 (8).

杨宇, 刘毅, 金凤君. 能源地缘政治视角下中国与中亚—俄罗斯国际能源合作模式 [J]. 地理研究, 2015, 34 (2).

杨宇, 刘毅. 世界能源地理研究进展及学科发展展望 [J]. 地理科学进展, 2013, 32 (5).

杨宇. 全球石油资源开发利用格局演变与中国海外石油合作模式研究 [D]. 中国科学院大学, 2013.

杨宇, 王礼茂, 江东等. 美国对伊朗石油禁运与全球能源安全 [J]. 地理研究, 2018b, 37 (10).

杨中强. 当代中国石油安全研究 [M]. 北京: 中共中央党校出版社, 2006.

杨中强, 张宏. 中美石油博弈与合作 [J]. 前沿, 2006 (11).

叶玉. 全球能源治理: 结构、挑战及走向 [J]. 国际石油经济, 2011, 19 (8).

于宏源. 非国家行为体在全球治理中权力的变化: 以环境气候领域国际非政府组织为分析中心 [J]. 国际论坛, 2018, 20 (2).

于宏源. 话语权、能源博弈和国际体系变迁 [J]. 人民论坛·学术前沿，2017（4）.

于宏源. 权力转移中的能源链及其挑战［J］. 世界经济研究，2008（2）.

于宏源. 全球能源治理：变化趋势、地缘博弈及应对［J］. 当代世界，2019（4）.

于宏源. 全球能源治理的功利主义和全球主义［J］. 国际安全研究，2013，31（5）.

于佳，王勇. 中国光伏产业发展与"一带一路"新机遇——基于新结构经济学视角的解析［J］. 西安交通大学学报（社会科学版），2020，40（5）.

余建华等. 世界能源政治与中国国际能源合作［M］. 长春：长春出版社，2011.

俞可平. 全球治理引论［J］. 马克思主义与现实，2002（1）.

元悦. Melitz 异质性企业贸易模型［J］. 生产力研究，2013（9）.

臧旭恒，徐向艺，杨惠馨主编. 产业经济学［M］. 北京：经济科学出版社，2002.

张超，杨秉赓编著. 计量地理学基础［M］. 北京：高等教育出版社，2010.

张国宝. 筚路蓝缕：世纪工程决策建设记述［M］. 北京：人民出版社，2018.

张宏，王礼茂，宋涛，刘大庆，文娜. 面向全空间的管道天然气贸易关联关系挖掘［J］. 地球信息科学学报，2017，19（9）.

张雷. 中国能源安全问题探讨［J］. 中国软科学，2001（4）.

张帅，任欣霖. 印度能源外交的现状与特点［J］. 国际石油经济，2018，26（3）.

张巍，党兴华. 企业网络权力与网络能力关联性研究——基于技术创新网络的分析［J］. 科学学研究，2011，29（7）.

张维，齐安甜. 企业并购理论研究评述［J］. 南开管理评论，2002（2）：21–26.

张宇燕，管清友. 世界能源格局与中国的能源安全［J］. 世界经济，

2007（9）.

赵冰，王诺.21世纪初期世界石油流动的空间格局与流场特征研究［J］.经济地理，2010，30（6）.

赵宏图.世界能源格局的变化与调整［J］.国际石油经济，2006（10）.

赵可金.全球化时代的新地缘理论［J］.清华大学学报（哲学社会科学版），2008（5）.

赵庆寺.中国参与G20全球能源治理的策略选择［J］.当代世界与社会主义，2015（6）.

赵庆寺.中国参与全球能源治理的问题与对策［J］.人民论坛·学术前沿，2016（22）.

赵勇强.国际可再生能源发展与全球能源治理变革［J］.宏观经济研究，2017（4）.

赵媛，郝丽莎.20世纪末期中国石油资源空间流动格局与流场特征［J］.地理研究，2006（5）.

赵媛，牛海玲，杨足膺.我国石油资源流流量位序-规模的分布特征变化［J］.地理研究，2010，29（12）.

赵媛，杨足膺，郝丽莎，牛海玲.中国石油资源流动源—汇系统空间格局特征［J］.地理学报，2012，67（4）.

赵媛，于鹏.我国煤炭资源空间流动的基本格局与流输通道［J］.经济地理，2007（2）.

中国光伏行业协会.2020年中国光伏产业发展报告［R］.2020.

中国光伏行业协会.《中国光伏产业发展路线图》（2020年版）［R］. http://chinapv.org.cn/road_map/927.html. 2021-02-03.

中国经济改革研究基金会.中国改革与发展报告2012·人类能源史综述［R］. https://cpfd.cnki.com.cn/Article/CPFDTOTAL-JJYJ 201207001005.htm. 2012.

周成虎，孙战利，谢一春.地理元胞自动机研究［M］.北京：科学出版社，1999.

周冉.中国"外源性"能源安全威胁研究——基于非传统安全视角的

识别、评估与应对[J]. 世界经济与政治论坛, 2017 (1).

周欣星, 张冀新. 全球价值链下我国光伏产业竞争力评价及路径选择[J]. 科技和产业, 2015, 15 (7).

周彦楠, 何则, 马丽等. 中国能源消费结构地域分布的时空分异及影响因素[J]. 资源科学, 2017, 39 (12).

周源, 潘美娟, 薛澜, 李欣. 光伏龙头企业的技术知识定位研究[J]. 中国科技论坛, 2016 (4).

朱向东, 贺灿飞, 朱晟君. 贸易保护如何改变中国光伏出口目的国格局?[J]. 地理研究, 2019, 38 (11).

[美] 兹比格纽·布热津斯基. 大棋局: 美国的首要地位及其地缘战略[M]. 中国国际问题研究所译. 上海: 上海人民出版社, 2007.

邹才能等编著. 新能源[M]. 北京: 石油工业出版社, 2019.

邹才能, 何东博, 贾成业等. 世界能源转型内涵、路径及其对碳中和的意义[J]. 石油学报, 2021, 42 (2).

邹才能, 潘松圻, 赵群. 论中国"能源独立"战略的内涵、挑战及意义[J]. 石油勘探与开发, 2020, 47 (2).

邹志强. 二十国集团与全球能源治理: 成效与前景[J]. 国际经济合作, 2015 (11).

Akhter, M. Infrastructure nation: State space, hegemony, and hydraulic regionalism in Pakistan [J]. Antipode, 2015, 47 (4).

An, H. Z., Zhong, W. Q., Chen, Y., et al. Features and evolution of international crude oil trade relationships: A trading-based network analysis [J]. Energy, 2014, 74.

Axtell, R. Why agents? On the varied motivations for agent computing in the social sciences [R]. Working Paper 17, 2000.

Babali, T. Energy diplomacy in the Caspian Basin: Since the end of the Cold-War [D]. University of Houston Adviser, 2004.

Bimpikis, K., Ehsani, S., Ilkiliç, R. Cournot competition in networked markets [J]. Management Science, 2019, 65 (6).

Binz, C., Anadon, L. D. Unrelated diversification in latecomer contexts: Emergence of the Chinese solar photovoltaics industry [J]. Environmental Innovation and Societal Transitions, 2018, 28.

Binz, C., Gosens, J., Hansen, T., et al. Toward technology-sensitive catching-up policies: Insights from renewable energy in China [J]. World Development, 2017a, 96.

Binz, C., Tang, T., Huenteler, J. Spatial lifecycles of cleantech industries—The global development history of solar photovoltaics [J]. Energy Policy, 2017b, 101.

Blondel, V. D., Guillaume, J. L., Lambiotte, R., et al. Fast unfolding of communities in large networks [J]. Journal of Statistical Mechanics: Theory and Experiment, 2008.

Bonanno, A., Russo, C., Menapace, L. Market power and bargaining in agrifood markets: A review of emerging topics and tools [J]. Agribusiness, 2018, 34.

Boschma, R., Marrocu, E., Paci, R. Symmetric and asymmetric effects of proximities: The case of M&A deals in Italy [J]. Journal of Economic Geography, 2016, 16 (2).

Boschma, R. Proximity and innovation: A critical assessment [J]. Regional Studies, 2005, 39 (1).

Boyer, D. Energopower: An introduction [J]. Anthropological Quarterly, 2014, 87.

BP. BP Energy Outlook [R]. London, UK, 2023.

BP. BP Statistical Review of World Energy [R]. London, UK, 2020.

BP. BP Statistical Review of World Energy [R]. London, UK, 2017.

Breul, M., Diez, J. R. An intermediate step to resource peripheries: The strategic coupling of gateway cities in the upstream oil and gas GPN [J]. Geoforum, 2018, 92.

Breul, M., Diez, J. R., Sambodo, M. T. Filtering strategic coupling: Territorial intermediaries in oil and gas global production networks in Southeast Asia [J]. Journal of Economic Geography, 2019, 19 (4).

Bridge, G., Bradshaw, M. Making a global gas market: Territoriality and production networks in liquefied natural gas [J]. Economic Geography, 2017, 93 (3).

Bridge, G. Global production networks and the extractive sector: Governing resource-based development [J]. Journal of Economic Geography, 2008, 8 (3).

Bridge, G. Mapping the terrain of time-space compression: Power networks in everyday life [J]. Environment and Planning D: Society and Space, 1997, 15 (5).

Bridge, G. The resource archipelago: Spatial aesthetics and resource ecologies. In I. Arns ed. World of Matter [M]. Berlin: Sternberg Press, 2015.

Brisbois, M. C. Powershifts: A framework for assessing the growing impact of decentralized ownership of energy transitions on political decision-making [J]. Energy Research & Social Science, 2019, 50.

Burke, M. J., Stephens, J. C. Political power and renewable energy futures: A critical review [J]. Energy Research & Social Science, 2018, 35.

Burke, R. R. Do you see what I see? The future of virtual shopping [J]. Journal of the Academy of Marketing Science, 1997, 25 (4).

Cai, Y. Industrial organization analysis on solar PV industry [J]. Applied Mechanics and Materials, 2011, 56.

Calvert, K. E., Kedron, P., Baka, J., et al. Geographical perspectives on sociotechnical transitions and emerging bio-economies: Introduction to a special issue [J]. Technology Analysis & Strategic Management, 2017, 29 (5).

Castells, M. A network theory of power [J]. International Journal of Communication, 2011, 5 (1).

Castells, M. Grassrooting the space of flows [J]. Urban Geography, 1999, 20 (4).

Castells, M. The Rise of the Network Society: With a New Preface, Volume I, Second Edition with a New Preface [M]. New Jersey: Wiley-Blackwell, 2010.

Chen, R. S., Liu, M. Study on solar photovoltaic industry chain vertical integration investment decisions [J]. Advanced Materials Research, 2013, 806.

Chen, Z., An, H., Gao, X., et al. Competition pattern of the global liquefied natural gas (LNG) trade by network analysis [J]. Journal of Natural Gas Science and Engineering, 2016, 33.

Chen, Z., Ivan, S. Social welfare maximization with the least subsidy: Photovoltaic supply chain equilibrium and coordination with fairness concern [J]. Renewable Energy, 2019, 132.

Cherp, A., Jewell, J., Goldthau, A. Governing global energy: Systems, transitions, complexity [J]. Global Policy, 2011, 2 (1).

Coe, N. M., Yeung, H. W. C. Global production networks: Mapping recent conceptual developments [J]. Journal of Economic Geography, 2019, 19 (4).

Conant, M. A., Gold, F. R. The Geopolitics of Energy [M]. Bould Colorado: Westview Press, 1978.

Cook, K. S., Emerson, R. M. Power, equity and commitment in exchange networks [J]. American Sociological Review, 1978, 43 (5).

Corra, M. Separation and exclusion: Distinctly modern conditions of power? [J]. Canadian Journal of Sociology, 2005, (30).

Corwin, S., Johnson, T. L. The role of local governments in the development of China's solar photovoltaic industry [J]. Energy Policy, 2019, 130.

Davies, J., Joglekar, N. Supply chain integration, product modularity, and market valuation: Evidence from the solar energy industry [J]. Production & Operations Management, 2013, 22 (6).

Dicken, P. Global Shift: Mapping the Changing Contours of the World Economy [M]. SAGE Publications Ltd, 2007.

Dunning, J. H., Lundan, S. M. Multinational Enterprises and the Global Economy [M]. Edward Elgar Publishing, 2008.

Du, R., Dong, G., Tian, L., et al. A complex network perspective on features and evolution of world crude oil trade [J]. Energy Procedia, 2016, 104.

Du, R., Wang, Y., Dong, G., et al. A complex network perspective on interrelations and evolution features of international oil trade, 2002 – 2013 [J]. Applied Energy, 2017, 196.

Ebinger, C. K., Zambetakis, E. The geopolitics of Arctic melt [J]. International Affairs, 2009, 85 (6).

Ellwanger, N., Boschma, R. Who acquires whom? The role of geographical proximity and industrial relatedness in Dutch domestic M&A between 2002 and 2008 [J]. Tijdschrift voor Economische en Sociale Geografie, 2015, 106 (5).

Emerson, R. M. Exchange Theory: A Psychological Basis for Sociological Change [M]. Boston: Houghton-Miffin, 1972.

Emerson, R. M. Power-dependence relations [J]. American Sociological Review, 1962, 27 (1).

Engdahl, F. W. A Century of War: Anglo-American Oil Politics and the New World Order [M]. Pluto Press, 2004.

Engdahl, F. W. Syria, Turkey, Israel and a greater Middle East energy war [J]. Global Research. Centre for Research on Globalization, 2012, 11.

ExxonMobil. The Outlook for Energy: A View to 2040 [M]. ExxonMobil: Irving, TX, USA, 2018.

Fagiolo, G., Reyes, J., Schiavo, S. The evolution of the world trade web: A weighted-network analysis [J]. Journal of Evolutionary Economics,

2010, 20 (4).

Farmer, J. D., Foley, D. The economy needs agent-based modelling [J]. Nature, 2009, 460 (7256).

Feng, S., Li, H., Qi, Y., et al. Who will build new trade relations? Finding potential relations in international liquefied natural gas trade [J]. Energy, 2017, 141.

Florini, A., Sovacool, B. K. Bridging the gaps in global energy governance [J]. Global Governance: A Review of Multilateralism and International Organizations, 2011, 17 (1).

Foucault, M. Power: The Essential Works of Michel Foucault 1954 – 1984 [M]. Penguin UK, 2019.

French, J. R., Raven, B., Cartwright, D. The bases of social power [J]. Classics of Organization Theory, 1959, 7.

Friedkin, N. E. Theoretical foundations for centrality measures [J]. American Journal of Sociology, 1991, 96 (6).

Fu, X., Yang, Y., Dong, W., et al. Spatial structure, inequality and trading community of renewable energy networks: A comparative study of solar and hydro energy product trades [J]. Energy Policy, 2017, 106.

Gao, C., Guo, Q., Jiang, D., et al. Theoretical basis and technical methods of cyberspace geography [J]. Journal of Geographical Sciences, 2019, 29 (12).

Gao, C., Sun, M., Shen, B. Features and evolution of international fossil energy trade relationships: A weighted multilayer network analysis [J]. Applied Energy, 2015, 156.

Gao, X., An, H., Zhong, W. Features of the correlation structure of price indices [J]. PLoS One, 2013, 8 (4).

Garlaschelli, D., Loffredo, M. I. Structure and evolution of the world trade network [J]. Physica A: Statistical Mechanics and Its Applications, 2005, 355 (1).

Geng, J. B. , Ji, Q. , Fan, Y. A dynamic analysis on global natural gas trade network [J]. Applied Energy, 2014, 132.

Giddens, A. Central Problems in Social Theory: Action, Structure, and Contradiction in Social Analysis [M]. California: University of California Press, 1979.

Goldthau, A. , Jan, M. W. Global Energy Governance: The New Rules of the Game [M]. Brookings Institution Press, 2010.

Gopal, S. , Pitts, J. , Li, Z. , et al. Fueling global energy finance: The emergence of China in global energy investment [J]. Energies, 2018, 11 (10).

Green, M. B. Mergers and Acquisitions: Geographical and Spatial Perspectives [M]. New York: Routledge, 1990.

Grewal, D. S. Network Power: The Social Dynamics of Globalization [M]. New Haven: Yale University Press, 2008.

Grote, M. H. , Umber, M. P. Home biased? A spatial analysis of the domestic merging behavior of US firms [J]. Working Paper Series: Finance & Accounting, 2006, 161.

Guan, Q. , An, H. , Gao, X. , et al. Estimating potential trade links in the international crude oil trade: A link prediction approach [J]. Energy, 2016, 102.

Guan, Q. , An, H. The exploration on the trade preferences of cooperation partners in four energy commodities' international trade: Crude oil, coal, natural gas and photovoltaic [J]. Applied Energy, 2017, 203.

Guardo, M. C. , Marrocu, E. , Paci, R. The concurrent impact of cultural, political, and spatial distances on international mergers and acquisitions [J]. The World Economy, 2016, 39 (6).

Harrison, C. Race, space, and electric power: Jim Crow and the 1934 North Carolina rural electrification survey [J]. Annals of the American Association of Geographers, 2016, 106 (4).

He, Z. , Chong, Z. , Yang, Y. , et al. Evolutionary investment network and the emerging energy power in Central Asia: From the perspective of cross-border mergers and acquisitions [J]. Journal of Geographical Sciences, 2020, 30 (11).

Hongyang, Z. , Huibin, D. , et al. Market dynamics, innovation, and transition in China's solar photovoltaic (PV) industry: A critical review [J]. Renewable and Sustainable Energy Reviews, 2017, 69.

Hosman, L. Dynamic bargaining and the prospects for learning in the petroleum industry: The case of Kazakhstan [J]. Perspectives on Global Development and Technology, 2009, 8 (1).

Huber, M. Resource geography II: What makes resources political? [J]. Progress in Human Geography, 2019, 43 (3).

Ibarra, H. , Andrews, S. B. Power, social influence, and sense making: Effects of network centrality and proximity on employee perceptions [J]. Administrative Science Quarterly, 1993, 38 (2).

Ibarra, H. Network centrality, power, and innovation involvement: Determinants of technical and administrative role [J]. Academy of Management Journal, 1993, 36 (3).

IEA. World Energy Investment 2016 [R]. OECD/IEA, Paris, 2016.

IEA. World Energy Outlook 2015 [R]. OECD/IEA, Paris, 2015.

IEA. World Energy Outlook 2017 [R]. OECD/IEA, Paris, 2017.

IREA (International Renewable Energy Agency) . A new world: The geopolitics of the energy transformation [EB/OL]. https://www. irena. org/publications/2019/Jan/A-New-World-The-Geopolitics-of-the-Energy-Transformation. 2019.

Ireland, R. D. , Webb, J. W. A multi-theoretic perspective on trust and power in strategic supply chain [J]. Journal of Operations Management, 2007, 25 (2).

Ji, Q. , Zhang, H. Y. , Fan, Y. Identification of global oil trade patterns: An empirical research based on complex network theory [J]. Energy Conversion and Management, 2014, 85.

Kangueehi, N. C. Mergers and acquisitions as a strategy for business growth: A comparative overview [D]. Cape Town, South Africa: University of the Western Cape, 2015.

Keith, H., Thierry, M., John, R. The erosion of colonial trade linkages after independence [J]. Journal of International Economics, 2010, 81 (1).

Keohane, R. O., Nye, J. S. Globalization: What's new? What's not? (And so what?) [J]. Foreign Policy, 2000.

Keohane, R. O., Nye, J. S. Power and interdependence [J]. Survival, 1973, 15 (4).

Kharrazi, A., Fath, B. D. Measuring global oil trade dependencies: An application of the point-wise mutual information method [J]. Energy Policy, 2016, 88.

Kitamura, T., Managi, S. Driving force and resistance: Network feature in oil trade [J]. Applied Energy, 2017, 208.

Klare, M. Resource wars: The new landscape of global conflict [J]. Macmillan, 2002, 2.

Kroon, B., Brouwer, R., Beukering, P. J. The energy ladder: Theoretical myth or empirical truth? Results from a meta-analysis [J]. Renewable and Sustainable Energy Reviews, 2013, 20.

Krugman, P. Competitiveness: A dangerous obsession [J]. Foreign Affairs, 1994, 73.

Ladoucette, V. D. Security of supply is back on the agenda [J]. Middle East Economic Survey, 2002, 11.

Lesage, D., Graaf, T. Global Energy Governance in a Multipolar World [M]. Routledge, 2016.

Manning, R. A. The Asian Energy Factor: Myths and Dilemmas of Energy, Security and the Pacific Future [M]. Macmillan, 2000.

Mann, M. The Sources of Social Power: Volume 3, Global Empires and Revolution, 1890 – 1945 [M]. Cambridge University Press, 2012.

Mei, S., Peipei, Z., Cuixia, G., et al. Study on the mutual influence between enterprises: A complex network perspective of China's PV enterprises [J]. Journal of Renewable and Sustainable Energy, 2016, 8 (6).

Montgomery, S. L. The Powers That Be: Global Power for the Twenty-First Century and Beyond [M]. Chicago, IL: University of Chicago Press, 2010.

Moran, T. H. Multinational Corporations and the Politics of Dependence: Copper in Chile [M]. Princeton: Princeton University Press, 2014.

Newman, M. E. J. Modularity and community structure in networks [J]. PNAS, 2006, 103 (23).

Nunn, S., Schlesinger, J. R., Ebel, R. E. The Geopolitics of Energy into the 21st Century [M]. CSIS Press, 2000.

Nye, J. S., Welch, D. A. Understanding Global Conflict & Cooperation: Intro to Theory & History [M]. Pearson Education, 2014.

Peng, H., Liu, Y. How government subsidies promote the growth of entrepreneurial companies in clean energy industry: An empirical study in China [J]. Journal of Cleaner Production, 2018, 188.

Prince, J. T., Simon, D. H. The impact of mergers on quality provision: Evidence from the airline industry [J]. The Journal of Industrial Economics, 2017, 65 (2).

Reddy, K. S., Xie, E. Cross-border mergers and acquisitions by oil and gas multinational enterprises: Geography-based view of energy strategy [J]. Renewable and Sustainable Energy Reviews, 2017, 72.

Richard, E. M. Power dependence relations [J]. American Sociological, 1962, 27 (1).

Russell, B. Power: A New Social Analysis [M]. Routledge, 2004.

Serrano, M. A., Boguná, M. Topology of the world trade web [J]. Physical

Review E, 2003, 68 (1).

Shao, Y., Qiao, H., Wang, S. What determines China's crude oil importing trade patterns? Empirical evidences from 55 countries between 1992 and 2015 [J]. Energy Policy, 2017, 109.

Sharmina, M., McGlade, C., Gilbert, P., et al. Global energy scenarios and their implications for future shipped trade [J]. Marine Policy, 2017, 84.

Shuai, J., Chen, C. F., Cheng, J., et al. Are China's solar PV products competitive in the context of the Belt and Road Initiative? [J]. Energy Policy, 2018, 120.

Shubbak, M. H. The technological system of production and innovation: The case of photovoltaic technology in China [J]. Research Policy, 2019, 48 (4).

Simon, B. American Hegemony and World Oil [M]. Penni. State University Press, 1991.

Sovacool, B. K., Valentine, S. V. The National Politics of Nuclear Power: Economics, Security, and Governance [M]. Routledge, 2012.

Steeman, R., et al. Integrating the value chain: The impact of silicon quality on cell performance [J]. Energy Procedia, 2012, 15 (3).

Stevens, P. National oil companies and international oil companies in the Middle East: Under the shadow of government and the resource nationalism cycle [J]. Journal of World Energy Law & Business, 2008, 1 (1).

Sun, Q., Gao, X., Zhong, W., et al. The stability of the international oil trade network from short-term and long-term perspectives [J]. Physica A: Statistical Mechanics and Its Applications, 2017, 482.

Tesfatsion, L. Agent-based computational economics: Growing economies from the bottom up [J]. Artificial Life, 2002, 8 (1).

Thomas, R. G. C., Ramberg, B. Energy and Security in the Industrializing World [M]. Lexington, USA: The University Press of Kentucky, 1990.

Tordo, S. National Oil Companies and Value Creation [M]. World Bank Publications, 2011.

Tuncay, B. Energy diplomacy in the Caspian Basin: Since the end of the cold war [D]. University of Houston, 2003.

Turner, J. C. Explaining the nature of power: A three-process theory [J]. European Journal of Social Psychology, 2005, 35 (1).

Wang, S., Chen, B. Hybrid ecological network and flow-distance analysis for international oil trade [J]. Energy Procedia, 2016, 104.

Weber, M. From Max Weber: Essays in Sociology [M]. Routledge, 2013.

Wei, Y. M., Han, R., Liang, Q. M., et al. An integrated assessment of INDCs under Shared Socioeconomic Pathways: An implementation of C3IAM [J]. Natural Hazards, 2018, 92 (2).

Weller, S. A. Shifting spatialities of power: The case of Australasian aviation [J]. Geoforum, 2009, 40 (5).

Wittfogel, K. Oriental Despotism: A Comparative Study of Total Power [M]. New York: Random House, 1957.

World Bank. World Development Report 2020: Trading for Development in the Age of Global Value Chains [M]. Washington, DC: World Bank, 2020.

Xie, E., Reddy, K. S., Liang, J. Country-specific determinants of cross-border mergers and acquisitions: A comprehensive review and future research directions [J]. Journal of World Business, 2017, 52 (2).

Yang, P., Yao, Y. F., Mi, Z., et al. Social cost of carbon under shared socioeconomic pathways [J]. Global Environmental Change, 2018, 53.

Yang, Y., Dong, W. Global energy networks: Insights from headquarter subsidiary data of transnational petroleum corporations [J]. Applied Geography, 2016, 72.

Yang, Y., Jessie, P., Dong, W. East Asia and solar energy trade network patterns [J]. Geographical Review, 2017, 106 (3).

Yang, Y., Poon, J. P. H., Liu, Y., et al. Small and flat worlds: A complex network analysis of international trade in crude oil [J]. Energy, 2015, 93.

Yergin, D. Ensuring energy security [J]. Foreign Affairs, 2006, 85 (2).

Yergin, D. The Prize: The Epic Quest for Oil, Money and Power [M]. London: Free Press, 2009.

Yetiv, S. A. Crude Awakenings: Global Oil Security and American Foreign Policy [M]. Cell University Press, 2004.

Zalik, A. Oil futures: Shell's scenarios and the social constitution of the global oil market [J]. Geoforum, 2010, 41 (4).

Zhang, F., Gallagher, K. S. Innovation and technology transfer through global value chains: Evidence from China's PV industry [J]. Energy Policy, 2016, 94.

Zhang, H. Y., Ji, Q., Fan, Y. Competition, transmission and pattern evolution: A network analysis of global oil trade [J]. Energy Policy, 2014, 73.

Zhang, H. Y., Ji, Q., Fan, Y. What drives the formation of global oil trade patterns? [J]. Energy Economics, 2015, 49.

Zhang, P., Sun, M., Zhang, X., et al. Who are leading the change? The impact of China's leading PV enterprises: A complex network analysis [J]. Applied Energy, 2017, 207.

Zhong, W., An, H., Gao, X., et al. The evolution of communities in the international oil trade network [J]. Physica A: Statistical Mechanics and Its Applications, 2014, 413.

Zhong, W., An, H., Shen, L., et al. Global pattern of the international fossil fuel trade: The evolution of communities [J]. Energy, 2017a, 123.

Zhong, W., An, H., Shen, L., et al. The roles of countries in the international fossil fuel trade: An emergy and network analysis [J]. Energy Policy, 2017b, 100.

Zou, H., Du, H., Ren, J., et al. Market dynamics, innovation, and transition in China's solar photovoltaic (PV) industry: A critical review [J]. Renewable and Sustainable Energy Reviews, 2017, 69.

附 录

附录1 中国中长期能源需求预测的模型与情景设置

一 模型介绍

采用的模型为国家应对气候变化战略研究和国际合作中心（NC-SC）、国家发改委能源研究所（ERI）及美国能源创新（EI）联合研发的"能源政策模拟模型"（EPS模型）。EPS模型是基于Vensim语言开发的一款大型开源系统动力学模型，构成模型的代码超10000行，其中定义的变量超过1300个。采用EPS模型可识别并评估气候、能源和环境政策对各类指标的综合影响，为促进能源转型提供政策方案设计的依据，具体可参考姜克隽等（2009）和刘强等（2017b）的相关研究。本书使用的EPS模型为2019年10月7日发布的2.0.0版本。

EPS模型包含了能源需求模块、能源转换模块、碳捕获和封存模块、燃料模块、研发模块、土地利用模块、排放模块和现金流模块（见附图1-1）。其中，能源需求模块由工业、建筑和交通三个终端部门组成。需要说明的是，EPS模型中的工业部门不仅包含一般统计口径的工业，还包含农业，建筑部门包括商业建筑和居民建筑，交通部门包含营运交通和私人交通。能源转换模块主要分为电力生产和供热两个部分。基于以上处理，EPS模型在能源需求和能源转换两个模块内共包括电力生产、供热、工业、交通、建筑共5个子模块。因而，EPS模型通过建立一系列方程和内部参数，可追踪与描述中国能源系统的能源流动及现金流动等动态行为及因果反馈。驱动EPS模型的所有数据来源于中国官方数据，包括国家气候战略中心所做的情景研究数据（国家应对气候变化战略研究和国际合作中心等，2016）、《中国能源统计年鉴》、《中国统计年鉴》、《能源发展"十三五"规划》以及其他官方出台的能源类相关规划等。由于开发者已将驱动模型的初始数据更新到2016年，所以EPS模型基准年为2016年，规划期为2050年，模拟时间步长为1年。

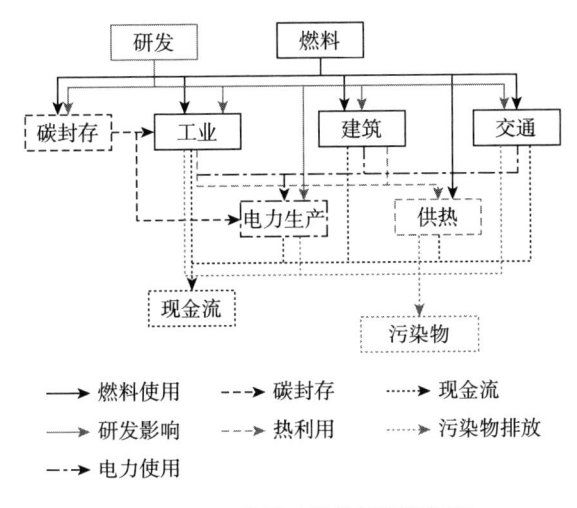

附图1-1 能源政策模拟模型框架

资料来源：刘强等（2017b）。

二 情景设置

基于世界能源的中长期发展形势与中国发展实际，中国应采取不同策略推进能源转型进程，能源消费的总量与结构将如何变化？在这一事关中国经济社会发展与能源安全的重大前瞻性问题上，显然在各方面均存在较大的不确定性。在不确定性条件下，基于情景分析的模拟预测则显得尤为重要（梁巧梅等，2004）。为此，研究设定了三个不同的情景，以模拟不同能源转型政策情况下中国到2050年能源消费的总量、结构及其变化情况。由于重点行业部门是推动全国能源转型的主要政策抓手（刘强等，2017b），所以本书主要从交通、建筑、电力、工业和供热等主要部门视角设定不同情景的参数（见附表1-1），参数选取主要借鉴与参考了 EPS 模型推荐参数、国家气候战略中心、刘强等（2017b）、姜克隽等（2009）、姜克隽（2019）以及国际能源署的相关报告等。

（1）既有政策情景，是对当前政策的延续性执行的结果模拟，是转型情景比较的基准。以现有政策执行力度来看，"十三五"时期实施能源消费总量控制目标和能源强度的双控目标，GDP 能源强度将下降 15%，非化石能源占一次能源消费比例达 15%。"十三五"时期，将以巴黎协定的国家自主减排目标为基础，2030 年非化石能源占比达 20%。2030 年之后继续执行延伸政策。

（2）转型情景与加速转型情景。这两个情景设计的总思路均是促进能源利用的清洁化转型及提高能源利用效率，而实现这两个目标则依赖各部门的政策选择与执行力度。因此，加速转型情景相对于转型情景的差异主要在于电力、工业和供热等部门采取了更为激进的转型政策。另外，姜克隽（2019）的研究指出，中国实现能源转型或可不依赖碳税等政策，因此本书在转型情景设计中未考虑碳价与碳税政策。

附表 1-1　情景定义及参数选择

部门	转型情景	加速转型情景
交通	• 加快推进交通去油化，提高电动汽车市场化水平。到 2050 年，轿车和 SUV 占比达到 7%，公交车占比为 20%，卡车占比为 20%，电驱动铁路客运与货运的年替代率为 6%，电动摩托车年替代率为 5%。 • 持续提高燃料经济性。到 2050 年轿车和 SUV 的燃油经济性提升 30%，重型车辆提升 24%，飞机提高 27%，货运列车提高 31%，船舶提高 33%，摩托车提高 247%。	
建筑	• 提升建筑电气化程度。到 2050 年，城市建筑电气化程度提升到 35%，乡村建筑提升到 38%，商业建筑提升到 49%。 • 加强建筑节能改造，推广更严格的能效标准。城乡住宅及商业建筑制热效率提升 40%，城乡住宅及商业建筑制冷效率提升 50%，城乡住宅照明效率提升 26%，商业建筑提升 15%，城乡住宅及商业建筑围护结构提升 40%，城乡住宅及商业建筑的其他改造与提升措施提升 13%。	

续表

部门	转型情景	加速转型情景
电力	• 加大落后燃煤机组的淘汰力度。每年至少退出30000MW。 • 强化非水可再生电力发展。到2050年通过可再生能源配额制政策使非水可再生能源发电量占比至少达到31.0%。 • 推动电网储能技术的发展。在基准情景上保守估计每年2%的增长率。 • 新能源补贴。依照原有标准执行（风电补贴60元/兆瓦时，光伏发电补贴为200元/兆瓦时）。	• 禁止新建燃煤电厂。 • 加大落后燃煤机组的淘汰力度。每年至少退出30000MW。 • 强化非水可再生电力发展。到2050年通过可再生能源配额制政策使非水可再生发电量占比至少达到39.0%。 • 推动电网储能技术的发展。在基准情景上保守估计每年5%的增长率。 • 新能源补贴退坡。可再生电力已初步具备市场竞争力，因此取消可再生电力的补贴政策。
工业	• 加快低效工业设备改造与折旧。到2050年实现低效工业设备改造与折旧的比例至少过半。 • 提高工业能效标准。各行业平均提升18%。 • 工业生产中的煤改气。12%的工业用煤改为天然气。 • 改善工业系统的整体设计。通过优化系统设计效能提升50%。	• 加快低效工业设备折旧。到2050年彻底实现低效工业设备的改造与折旧。 • 提高工业能效标准。水泥26%，油气行业31%，钢铁38%，化学35%，采矿31%，其他工业50%。 • 工业生产中的煤改气。25%的工业用煤改为天然气。 • 改善工业系统的整体设计。通过优化系统设计效能翻倍。
供热	• 提升热电联产比重。到2050年实现50%。 • 持续降低燃煤供热比重。到2050年天然气供热比重在基准情景上再减少25%。	• 提升热电联产比重。到2050年实现67.5%。 • 持续降低燃煤供热比重。到2050年天然气供热比重在基准情景上再减少50%。

附录2 全球主要光伏企业全名与简称列表

序号	企业全名	简称	所属国家
1	隆基绿能科技股份有限公司	隆基股份	中国
2	协鑫（集团）控股有限公司	协鑫集团	中国
3	晶科能源股份有限公司	晶科能源	中国
4	天合光能股份有限公司	天合光能	中国
5	阿特斯阳光电力集团股份有限公司	阿特斯	中国
6	First Solar, Inc.	First Solar	美国

续表

序号	企业全名	简称	所属国家
7	Hanwha Q CELLS	Hanwha	韩国
8	晶澳太阳能科技股份有限公司	晶澳科技	中国
9	通威股份有限公司	通威股份	中国
10	天津中环半导体股份有限公司	中环股份	中国
11	东方日升新能源股份有限公司	东方日升	中国
12	SunPower Crop.	SunPower	美国
13	浙江正泰新能源开发有限公司	正泰电器	中国
14	阳光电源股份有限公司	阳光电源	中国
15	Tesla, Inc.	特斯拉	美国
16	信息产业电子第十一设计研究院科技工程股份有限公司	十一科技	中国
17	尚德新能源投资控股有限公司	尚德新能源	中国
18	中电科电子装备集团有限公司	电科装备	中国
19	特变电工股份有限公司	特变电工	中国
20	SMA Solar Technology AG	SMA	德国
21	新疆大全新能源股份有限公司	大全新能源	中国
22	新疆东方希望新能源有限公司	东方希望	中国
23	四川永祥股份有限公司	永祥股份	中国
24	亚洲硅业（青海）股份有限公司	亚洲硅业	中国
25	无锡尚德太阳能电力有限公司	尚德电力	中国

资料来源：企业官网、Wind 平台。

附录3 常见能源单位转换参数参考

附表 3-1 石油单位转换参数参考

石油	吨	千升	桶	吨/年
吨	1	1.165	7.33	—
千升	0.8581	1	6.2898	—
桶	0.1364	0.159	1	—
桶/天	—	—	—	49.8

资料来源：《BP 世界能源统计年鉴 2020》。

附表 3-2 天然气单位转换参数参考表

天然气（NG）和液化天然气（LNG）	10 亿立方米 NG	1 焦耳 NG	百万吨油当量	百万吨 LNG	百万桶油当量
10 亿立方米 NG	1	36.000	0.860	0.735	5.883
1 焦耳 NG	0.028	1	0.024	0.021	0.164
百万吨油当量	1.163	41.868	1	0.855	6.842
百万吨 LNG	1.360	48.747	1.169	1	8.001
百万桶油当量	0.170	6.093	0.146	0.125	1

资料来源：《BP 世界能源统计年鉴 2020》。

附表 3-3 电力单位转换参数参考

电力/功率单位	TW	GW	MW	KW
TW	1	10^3	10^6	10^9
GW	10^{-3}	1	10^3	10^6
MW	10^{-6}	10^{-3}	1	10^3
KW	10^{-9}	10^{-6}	10^{-3}	1

资料来源：《中国能源统计年鉴 2017》。

图书在版编目(CIP)数据

国际能源网络研究：权力、结构与演化 / 杨宇，何则著. -- 北京：社会科学文献出版社，2023.7
ISBN 978-7-5228-1956-3

Ⅰ.①国… Ⅱ.①杨… ②何… Ⅲ.①能源发展-研究-世界 Ⅳ.①F416.2

中国国家版本馆CIP数据核字(2023)第106248号

国际能源网络研究：权力、结构与演化

著　　者 / 杨　宇　何　则

出 版 人 / 王利民
责任编辑 / 陈凤玲
文稿编辑 / 陈丽丽
责任印制 / 王京美

出　　版 / 社会科学文献出版社·经济与管理分社 (010) 59367226
　　　　　　地址：北京市北三环中路甲29号院华龙大厦　邮编：100029
　　　　　　网址：www.ssap.com.cn

发　　行 / 社会科学文献出版社 (010) 59367028
印　　装 / 三河市东方印刷有限公司

规　　格 / 开本：787mm×1092mm　1/16
　　　　　　印　张：13　字　数：190千字
版　　次 / 2023年7月第1版　2023年7月第1次印刷
书　　号 / ISBN 978-7-5228-1956-3
定　　价 / 128.00元

读者服务电话：4008918866

版权所有　翻印必究